特別支援教育
実践
ソーシャルスキル マニュアル

上野一彦／岡田 智 編著

イラスト＝本山優子

明治図書

はじめに

　人間は社会的な動物です。私たちは常に人間社会のなかで，他の人と関わりながら生きていきます。しかし人間は動物ではあってもただの動物ではありません。それは人間だけが特別に発達した脳をもち，高度な知性を有するからです。人間の脳は，社会共同体のなかでともに暮らす仲間の意図や動機を理解し，自分の意思にかなった行動へと導くために進化したという説も有力です。こうした特異な知能は，高度な意思伝達の手段であるコミュニケーション能力だけでなく，他の動物とは比べものにならぬほど豊かな感情を理解し表出する能力とも深く関わっているのです。

　たしかにＩＱ（知能指数）の効用と限界はこの100年，心理学の大きなテーマでしたが，今日，ＳＱ（社会性指数）やＥＱ（情緒指数）の重要性を指摘する立場の人々も増えてきました。おそらく複雑化する現代社会にあって，さまざまな社会的能力が一層必要であることへの気づきなのでしょう。

　人々が必要とする対人的な関わりにも大きな変化の兆しが見られます。子どもの世界では，いじめ，不登校，校内暴力，授業崩壊などが，日常的に観察されるところです。また，子どもを取り巻く生育環境においても，こころ，身体，性，そして無視といった虐待にまつわるニュースも後を絶ちません。子どもが親となり，そしてまた子育てをするのですから，その連鎖の輪は常に教育という営みによって影響され続けるわけです。今日，知育に焦点化されやすい教育に対して，こころの教育の必要性が強く叫ばれる理由もそこにあるのではないでしょうか。

　私たちは長く，ＬＤ（学習障害）やＡＤＨＤ（注意欠陥／多動性障害），高機能ＰＤＤ（高機能自閉症，アスペルガー症候群）などと呼ばれる軽度の発達障害のある子どもたちへの特別な支援教育の必要性を訴え，その実践臨床指導を積み上げてきました。彼らはすべての子どもたちのモデルとしてこの社会的能力の成育を何よりも必要としています。彼らの究極の発達課題は社会自立であり，その可能性を追求する教育課題はまさしくソーシャルスキル指導なのです。そうした思いのなかからＹＭＣＡ東陽町センターを中心にＬＤ臨床に関わってきたみなさんとともに，この本を創りました。内容理解の鍵を握るイラストもやはり仲間の一人である本山優子さんに描いてもらいました。

　すべての子どもたちが社会のなかで，お互いを気遣いながら，たくましく育っていくことをこころから願いながら，この本を愛と夢を追い求めるみなさんにお届けします。

2006年5月

編著者　上野一彦

特別支援教育　実践ソーシャルスキル マニュアル／目次

はじめに

第Ⅰ章　ソーシャルスキル指導をする前に知っておいてほしいこと

1　なぜソーシャルスキル指導をするのか ―――― 9
■こうしてソーシャルスキル指導は始まった／■ＬＤは大きな傘の役割をした／■ソーシャルスキル指導を子どもたちは待っている

2　軽度発達障害と呼ばれる子どもたち ―――― 10
■軽度発達障害という用語について／■ＬＤは認知の偏りを背景とする－脳は情報のファイリングボックス－／■ＡＤＨＤには不注意タイプと多動・衝動タイプとがある／■自閉症とその仲間たち……高機能自閉症・アスペルガー症候群／■軽度発達障害もまた大きな傘だとすれば……その他の障害

3　すべての指導はこころと行動の理論を背景としている ―――― 13
■こころと行動は表裏の関係にある／■子どもは問題行動で訴える／■子どもの行動をよく見てみよう－行動のＡＢＣ－／■行動の鍵を握る強化にはプラスとマイナスがある／■約束（契約）の大切さ／■基本はきちんとほめること－いろいろなほめ方がある－／■叱ることは難しい－タイムアウトって何－／■成就こそ成功の母

4　ソーシャルスキル指導とは何か ―――― 17
■ソーシャルスキルとは／■ソーシャルスキルの指導技法／■障害特性に応じた指導のポイント／■ゲームを活用する

5　ソーシャルスキル指導のポイント ―――― 25
■ソーシャルスキル指導の３つのタイプ／■授業の組み方／■グループの組み方／■教室の構造化

6　ソーシャルスキル指導の評価 ―――― 29
■よい指導はよいアセスメントから生まれる／■ソーシャルスキル尺度での評価／■指導内容を決定するために／■指導効果を調べるために

第Ⅱ章　ソーシャルスキル指導の実践プログラム

＜実践編解説＞上手な利用のために ―――― 31

No.1　めあてを決めよう／集団・セルフ・仲間・コミュ ―――― 34
ソーシャルスキル指導を行うとき，重要になるのが子どものやる気

No.2　挨拶をする／集団行動 ―――― 36
適切に挨拶をする。人への関心が薄く，挨拶をする意識がない子に有効なプログラム

No.3　見る修行／セルフコントロール —————————————— 40
他者への意識が薄い子どもや気が散りやすい子どもに特に必要なスキル

No.4　聞く修行／セルフコントロール —————————————— 42
ゲームを通して楽しみながら話を聞く練習。先生の話や友だちの発表などをきちんと聞く習慣をつける

No.5　負けても平気／セルフコントロール —————————————— 44
負けたときにパニックでなく，言葉で表現する方法を学び，負けることへの耐性をつける

No.6　あっ，フライング!!／セルフコントロール —————————————— 46
軽度発達障害の子どもに見られる衝動的な行動をどうコントロールさせるか

No.7　発表をするときは？／集団行動・コミュニケーション —————————————— 48
声の大きさや姿勢，言葉での表現など，集団の前で発表するときのスキルを学ぶ

No.8　話を聞くときは？／集団行動 —————————————— 52
就学前や小学校の早い時期に獲得すべき基本的な学習態度のポイントを示し，身につけさせる

No.9　話しかけるときは？／コミュニケーション —————————————— 54
「自己紹介」や「ことわって借りる」など人に話しかけるときの基本的なスキル

No.10　ものを借りるときは？／集団行動 —————————————— 58
対人関係のトラブルを避け，学級の人間関係を円滑にするためのスキル

No.11　仲間に入るときは？／仲間関係 —————————————— 60
"適切な声の大きさで" "「入れて」と言う" ということをロールプレイングやゲームを通して教える

No.12　自己紹介をしよう／集団行動 —————————————— 62
人にはじめて会ったときや，これから仲良くなっていくときに必要な自己紹介のスキル

No.13　名前を覚えよう／仲間関係 —————————————— 64
対人意識の薄い子どもに，プログラム参加するなかで名前を覚えることの重要性に気づかせる

No.14　名前で呼ぼう，返事をしよう／仲間関係・コミュニケーション —————————————— 66
対人意識が薄く，人との関わりの不器用なPDDなどの子どものためのスキル

No.15　あったか・チクチク言葉／集団・セルフ・仲間・コミュ —————————————— 68
あったか言葉とチクチク言葉といった概念から言葉が人に与える影響を学ぶ

No.16　仲間と動きを合わせよう／仲間関係 —————————————— 72
ゲームを通して相手の動きに注目し，動きを合わせて協力することを学ぶ

No.17　助けて，ヘルプミー!!／仲間関係 —————————————— 74
仲間を助ける，仲間に助けられるといったスキルを楽しく学ぶ

No.18　いろんな気持ち／セルフコントロール —————————————— 76
感情のコントロールを育てる第一歩として，感情を表す言葉を知り，その数を増やしていく

No.19　みんなで決めよう／コミュニケーション —————————————— 80
協調的に話し合うことは，学校での班活動や日常での仲間関係などで必要なスキル

No.	タイトル	カテゴリ	ページ
No.20	ソーシャルスキルってなあに？	集団・セルフ・仲間・コミュ	84

ソーシャルスキルの意味と意義を学ぶ。小学校高学年以降のグループ活動の最初に導入するプログラム

No.21	わかりやすく伝えよう／コミュニケーション	86

言語表現，相手の視点に立つことが困難な子どもたちに必要なスキル

No.22	提案しよう／コミュニケーション	90

ゲームを通して，提案の仕方を学び，適切に自分の考えを相手に伝える練習をする

No.23	上手な聴き方／コミュニケーション	92

"相手を見る" "相手が話し終わるまで待つ" "うなづく，あいづちをうつ" など行動レベルのスキル

No.24	感情ぴったんこ／セルフコントロール	96

ゲームを通して仲間と心が通じ合うあたたかい人間関係を体験し，感情の自己認知と自己受容を促す

No.25	協力してやりとげる／仲間関係	98

協力ジェスチャーゲームの事前練習を通して，人と協力することを学ぶ

No.26	私とあなたの共通点／仲間関係	100

『共通点探し』というゲームを楽しみながら，お互いの共通点や相違点をとらえていく

No.27	仲間のことを知る／仲間関係	102

「仲間○×クイズ」ゲームを通して，仲間への注目を促し，仲間を知ることの楽しさに気づかせる

No.28	自分を表現する／仲間関係	104

自分のよいところなど自分の特性をポスターにすることで，自分自身を肯定的に見られるよう促す

No.29	こんなときどうする？／集団・セルフ・仲間・コミュ	106

問題解決のステップに沿いながら，自分たちの日常の問題に対処していく

No.30	大事な意見は？／コミュニケーション	110

話し合いでは中学生の段階になると "理由を言う" "大事な意見を優先する" 高度な話し合いスキルが必要になる

No.31	相手の気持ちになってみよう／仲間関係	114

ブラインドウォークを通して「相手の視点に立つ」ことをの大切さを教える

No.32	こころを読めますか？／仲間関係・コミュニケーション	116

クイズを通して，しぐさ・表情・態度などから相手の考えを推理するプログラム

No.33	気持ちの温度計（共感する）／セルフ・仲間・コミュ	120

"温度計" を用いて，自分や仲間の気持ちを視覚化・数値化し，具体的に理解する

No.34	私のストレス対処法／セルフコントロール	124

"ストレッサー" "ストレス反応" "対処法" の関係をワークシートや話し合いを通して学ぶ

No.35	これ常識？　非常識？／集団行動	130

常識・非常識のワークシートをもとに，グループで話し合い，社会のルールだけでなく，理由も考えさせる

No.36	会話のマナー／仲間関係・コミュニケーション	132

お茶会を通して会話のマナーとその理由について学ぶ

No.37　子どもプロデュース／仲間関係・コミュニケーション —————136
外出・調理・フリーマーケット出店などの企画・運営を通して，話し合い・協力のスキルを学ぶ

No.38　上手にありがとう／仲間関係・コミュニケーション —————138
感謝を伝えることは，助け合えるような友だち関係をつくるための大切なスキル

資料［小・中学生用］指導のためのソーシャルスキル尺度

○指導のためのソーシャルスキル尺度（小学生用）
○指導のためのソーシャルスキル尺度（中学生用）
1　［保護者用，在籍学級用シート］
2　［ふりかえりシート］（小学生低学年・中学年用）
3　［ふりかえりシート］（小学生高学年・中学生用）
4　［指導内容を決定するためのアセスメントシート］

おわりに

第Ⅰ章 ソーシャルスキル指導をする前に知っておいてほしいこと

1 なぜソーシャルスキル指導をするのか

【こうしてソーシャルスキル指導は始まった】

わが国でLD教育の試みに最初の灯がともったのは1970年代に入ってからです。御茶ノ水の瀬川小児神経学クリニックで初めてLD臨床の場をスタートさせた私(上野)は，1975年東京学芸大学で「土曜教室」を，また旭出学園教育研究所でも牟田悦子氏らとアセスメントと指導の場「木曜教室」「金曜教室」を開設しました。

この「教室」時代はまさに手探り状態で，学習指導，社会性指導，運動指導，そして個別指導，小集団指導といろいろと試みました。やがて学習のつまずきだけでなく，友だちも少なく，遊びやスポーツにも自信のない様子の子どもたちに，自分を知り，互いに相手を知るための小集団によるソーシャルスキル指導が非常に有効であることを確信しました。

これら臨床指導と並行して，大学近郊の情緒障害や言語障害の通級指導教室でも，小学校の先生方とLDの指導モデルを作る仕事をする機会に恵まれました。こうしたソーシャルスキルの実践指導[*1]については，当時，始まったばかりのLD教育啓発のための放送番組等でも積極的に紹介され，全国の専門家や先生方の理解のもとに，次第に社会的にも認められていきました。

80年代末，LDの概念論争が盛んだった米国において，政府のLD省庁間連絡会議(ICLD, 1987)から，LDの主要症状にソーシャルスキルの障害を入れるべきではないかという提案がありました。最終的にこの提案はわが国のLD定義(文部省, 1999)の拠所ともなった全米LD合同委員会(NJCLD, 1988)は受け入れませんでした。しかしソーシャルスキルの問題がLDにとって重要な関連事項[*2]であることを認めるもので，LDへのソーシャルスキル指導を実践していた私たちにとっては，たいへん心強い情報でした。

1992年から93年にかけて私は米国で10ヵ月間，調査研究をする機会を得ましたが，ニューヨークのマンハッタンにある私立のLD学校ゲートウェイ校で経験したソーシャルスキル指導プログラム[*3]もおおいに共感できるものでした。帰国後，東京YMCAのLDタスクチームと連携し，まず東京YMCA西国立センターに，その後，東京YMCA東陽町センターに新たな臨床の場を設けました。前者は小貫悟氏[*4]が，後者は本書の共編者

[*1] 上野(編)『きみならどうする―LDのためのソーシャルスキル―』日本文化科学社，1991.
[*2] NJCLDの定義(1988)では，自己調整行動，社会的認知や対人的相互交渉の問題がLDと併存する可能性が指摘されている。わが国のLD定義でも社会性については直接触れないが，行動の自己調整や対人関係の問題の改善に配慮する教育的対応の必要性については解説部で述べられている。
[*3] 上野・名越(訳)『LDのためのソーシャルスキル・トレーニング―ゲートウェイ社会性発達カリキュラム―』日本文化科学社，1993.
[*4] その成果は，小貫・名越・三和(著)『ソーシャルスキルトレーニング』(日本文化科学社，2004)にまとめられている。

である岡田智が中心となって指導にあたってきました。

今日，全国で軽度発達障害のある子どもたちにソーシャルスキル指導が適用・展開されるきっかけの背景にはこのような歴史がありました。

【ＬＤは大きな傘の役割をした】

特別支援教育の扉をLDが開けたといわれていますが，当時のLDは大きな傘の役割を果たしたと言われます。（図1-1参照）

1960年代，軽度の発達障害への教育的な関心の高まりのなかでLDという概念が米国で登場しました。伝統的な「読み（書き）障害」であるディスレクシアを中心に，重複性の高い多動症（現在のADHD：注意欠陥／多動性障害）や不器用で協応運動を苦手とする運動障害（現在のDCD：発達性協調運動障害）や知的障害を伴わない自閉症や，今日，アスペルガー症候群と診断される子どもたちの一部もこの傘のもとに，必要な教育サービスを求めたのです。厳密な定義による対象の限定や特定よりも，サービスを求める子どもたちを落ちこぼさず広くすくい上げる「セーフティ・ネット」という考え方が教育の立場には強くありました。

図1-1　ＬＤは大きな傘の役割をした
（傘の左側：ディスレクシア／コミュニケーション障害／発達性協調運動障害）
（傘の右側：ディスレクシア／ADHD／高機能自閉症／アスペルガー障害）

【ソーシャルスキル指導を子どもたちは待っている】

子どもはさまざまな人間関係のなかで生活し，経験を積むなかで，周りの人の意図や感情などをより正確に理解し，その人の立場に立ってものごとを考える力や自分の行動や感情をコントロールする力，そして必要に応じて行動のパターンを変えていく力などを育てていきます。そうした力は，人が人として社会のなかで生きていく基本的な社会的能力であり，サバイバルスキルであり，ライフスキルでもあるのです。

しかし少子化が進むなか，子どもを取り巻く対人環境は大きく変化しました。家庭での同胞の数は減り，本来，学ぶ可能性のあった最初の社会的経験も少なくなりました。反対に，子育て経験の少ない親との濃密な関係による過干渉や子育ての不安の増加といった現象も目立ってきています。

今日，そうした変化のなかで多くの子どもたちがソーシャルスキル指導を求めています。とりわけ社会自立に大きな発達課題をもつ軽度の発達障害のある子どもたちは，誰よりもソーシャルスキル指導を待っているのです。

2　軽度発達障害と呼ばれる子どもたち

【軽度発達障害という用語について】

軽度発達障害という用語は，LDやADHDなどを代表とする，発達に何らかの障害が認められ，さまざまな学習や行動上の困難をもつ子どもたちを広く意味する言葉です。

21世紀とともに特殊教育から特別支援教育への転換がはかられるなか，LD，ADHD，高機能自閉症などへの教育的対応が広く検討

されるようになりましたが，それらを総称するかたちで「軽度発達障害」という用語が使われたのがきっかけです。やがて高機能自閉症と近接する障害であるアスペルガー症候群の両者を高機能PDD（広汎性発達障害）として，まとめて表記する例も見られるようになりました。

かつてLDという概念でその周辺の子どもたちもいっしょにすくい上げたように，軽度発達障害という用語も，LDとその仲間たちを包み込む，新たな傘の役割を果たしているとも言えます。図2-1は，軽度発達障害に含まれる主要な障害（実線で示されている）間の関係を表しています。

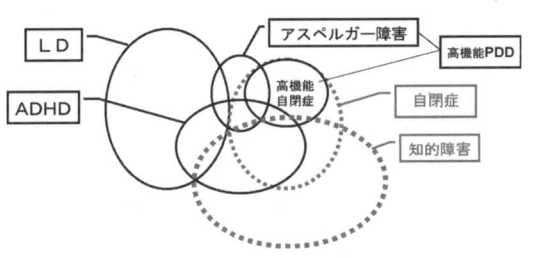

図2-1　軽度発達障害
（LD・ADHD・高機能自閉症）の関係

本書におけるソーシャルスキル指導が，これら軽度発達障害だけでなく，軽度の知的障害や境界知能（知的障害ではないが，知的発達がやや遅れている）の子どもたちにも，それぞれの認知発達レベルや特性を理解したうえで適用できる範囲まで拡大して考えようとしているのは，この大きな傘の役割の大切さを意識しているからです。

【LDは認知の偏りを背景とする
—脳は情報のファイリングボックス—】

LD（学習障害）は，1960年代初頭，米国で登場した教育的概念です。学力面の特異な困難を捉える新しい概念として急速に広まっていきました。わが国では1990年頃からLDの教育に関する公的な検討が開始され，その後，特別支援教育への進展とともに，2006年から通級指導の対象としてLD・ADHDは正式に認められました。

LDの定義（文部省，1999）としては次のものがあります。

『学習障害とは，基本的には全般的な知的発達に遅れはないが，聞く，話す，読む，書く，計算する又は推論する能力のうち特定のものの習得と使用に著しい困難を示す状態を指すものである。学習障害は，その原因として，中枢神経系に何らかの機能障害があると推定されるが，視覚障害，聴覚障害，知的障害，情緒障害などの障害や，環境的な要因が直接の原因となるものではない。』

このようにLDとは，知的発達に大きな遅れはないのに，学習面で特異なつまずきや習得の困難をもちがちな子どもに対して用いられる概念です。知的発達の全般的な遅れよりも，認知発達における部分的な遅れや偏りから，主として学習上に不利な状況をもたらす側面に着目します。

人間の脳の機能はコンピューターに似てお

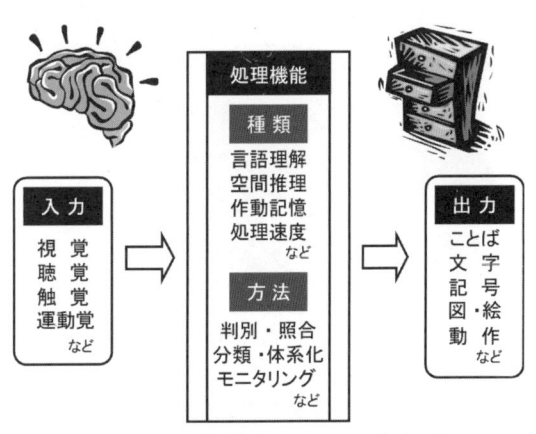

図2-2　脳は情報のファイリングボックス

り高度な情報処理装置にも例えられます。いわば脳は情報のファイリングボックス（図2-2）のような働きをするわけで，LDは学習に関係する一部の引き出しにやや不具合がある状態と言えます。

LDは通常の学級のなかで，学力的な困難を示すだけではなく，適応面でもさまざまな困難をもちやすく，ソーシャルスキル指導などの必要性が早くから指摘されていました。

【ADHDには不注意タイプと多動・衝動タイプとがある】

ADHD（注意欠陥／多動性障害）はLDと重複性の高い障害です。学校では特に多動性や衝動性といった行動上の問題はめだちやすく，大きな課題になります。

ADHDは次のように定義（文部科学省，2003）されます。

『ADHDとは，年齢あるいは発達に不釣り合いな注意力，及び，又は衝動性，多動性を特徴とする行動の障害で，社会的な活動や学業の機能に支障をきたすものである。また，7歳以前に現れ，その状態が継続し，中枢神経系に何らかの要因による機能不全があると推定される。』

図2-3に示されるようにADHDには，不注意優勢タイプ，多動性－衝動性優勢タイプと両者の特徴をもつ混合タイプの3つがあります。

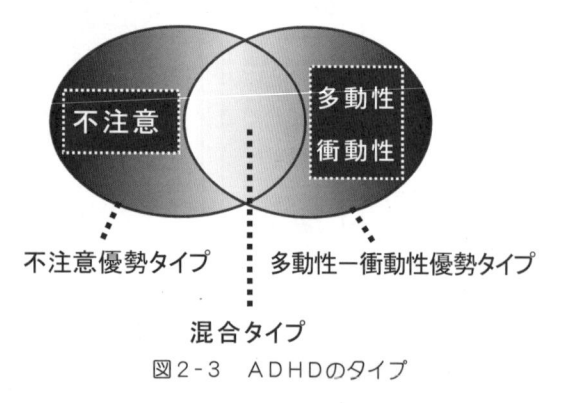

ADHDのある子どもは対人的にもさまざまなトラブルを起こしやすく，教室運営でも教師はその指導に多くのエネルギーを費やします。行動上の問題を抱える子どもの場合，虐待や，いじめや不登校などとの関係も指摘されており，こうした子どもたちへの対応は教育における大きな課題として注目されています。

【自閉症とその仲間たち……高機能自閉症・アスペルガー症候群】

軽度発達障害の典型例としてLD，ADHDと，この高機能自閉症が挙げられます。高機能自閉症については次のように定義（文部科学省，2003）されます。

『高機能自閉症とは，3歳位までに発症し，①他人との社会的関係の形成の困難さ，②言葉の発達の遅れ，③興味や関心が狭く特定のものにこだわることを特徴とする行動の障害である自閉症のうち，知的機能の発達の遅れを伴わないものをいう。また，自閉症は中枢神経系に何らかの要因による機能不全があると推定される。』

高機能自閉症は，自閉症の診断基準に合うもののなかから，知的機能の程度が知的障害の範囲に入らないものを言います。また，この高機能自閉症の定義から見て，②の言葉（コミュニケーション）の発達の遅れが目立たない，良好なものをアスペルガー症候群と言います。

アスペルガー症候群のことを「しゃべる自閉症」などと言うのはこうした理由からです。高機能自閉症とアスペルガー症候群の両者を

不注意優勢タイプ　　多動性－衝動性優勢タイプ
混合タイプ
図2-3　ADHDのタイプ

まとめて高機能PDD（広汎性発達障害）*1 とも言います。

その特徴ある行動特性から，からかいやいじめの対象となりやすいといったこともあります。一度身につけたやり方に固執しやすい子どもは，変化に対しては興味よりも不安を感じやすいということも知っておかなければなりません。また自閉症固有のこだわりやすさをむしろ活かして，パターン化して教えるといった方法も有効とされています。

【軽度発達障害もまた大きな傘だとすれば……その他の障害】

軽度発達障害が大きな傘だとすれば，ほかにも関連する障害はあると思います。例えば手先の不器用さや全身を協調させる運動を苦手とする子どもは，DCD（発達性協調運動障害）と呼ばれます。身体を使った遊びやスポーツ，手作業やゲームなどでも遅れをとりがちとなりやすいのです。

また非常に怒りっぽく，反抗的で，わざと突っかかったり，自分の失敗を認めず他人のせいにするなどの行動が目立つ子どもの場合は，ODD（反抗挑戦性障害）と診断されるケースも増えてきています。

このように軽度発達障害のなかには，LDやADHD，高機能自閉症・アスペルガー症候群などのほか，さまざまな子どもたちを近接する障害として包み込む可能性があります。軽度というのは一般的に知的（認知）な遅れが軽いことを意味しますが，ADHDやDCDなどの場合，それはあらゆる知的レベル（つまり知的障害を伴う場合からそうでない場合まで）で起こる可能性があります。知的な障害が伴う場合には行動や運動の困難はより重くなると言われます。

本書におけるソーシャルスキル指導は，軽度発達障害という大きな傘のもとに，それぞれの障害の特性にも配慮したかたちで適用していくことを目的としています。ですから軽度の知的障害や境界知能の子どもたちにもぜひ使ってみてください。このことはすべての子どもたちに，その子どものニーズや特性に合わせてソーシャルスキル指導を用いることができるのです。

3　すべての指導はこころと行動の理論を背景としている

【こころと行動は表裏の関係にある】

子どものこころと行動はとても親しい関係にあります。こころは行動として表れるし，行動はこころを映し出しているのです。子どものこころを理解しなければ，子どもの行動の理由をほんとうに理解することは難しいのです。ある行動がその子どもにとって願わしいとしても，こころの仕組みを知らなければその行動に導くことはできません。

こうしたこころと行動の関係を明らかにする科学が心理学です。私たちは行動理論（**応用行動分析**）という心理学の方法を用いて，このソーシャルスキル指導をみなさんに理解

---

*1　PDD広汎性発達障害
　　医学用語で，自閉症関連の障害を広義にさす言葉。広汎性とは障害された発達領域が広く，その程度が深いという意味。相互的人間関係のスキルおよびコミュニケーションのスキルの発達に重度の障害をもつと同時に，常同的な行動のパターンや興味や関心の狭さといった特徴をもつ。このうち知能の遅れを伴わない高機能自閉症とアスペルガー症候群を高機能PDDと呼ぶ。

してもらいたいと思っています。子どもの行動の改善に効果をあげている方法の多くは，こうしたしっかりとした理論から導き出されているのです。

【子どもは問題行動で訴える】

子どもには子どもの思いがあります。それが不適切な行動につながります。

ほしいものがある ⇒ 力づくで手に入れる，望みがかなうまで駄々をこねる。

やりたいことがある ⇒ 順番を守らない，我慢しないで行動する。

みんなから注目されたい ⇒ 大きな声を出して騒ぐ，とっぴな言動で笑いをとる。

失敗が怖い，傷つきたくない ⇒ 難しいことはやらない，屁理屈を言って避ける……

それを間違った行動，子どもじみた行動と決めつけないで，その行動の背景にどんな気持ちがあったのかを理解することから始めます。

不適切な行動を繰り返す悪循環を断ち切るためには，子どもの行動だけで判断するのではなく，その背景にある原因を理解しなければなりません。どうすればうまくいくのかを子ども自身が理解し，取り組むようにすることが指導なのです。

【子どもの行動をよく見てみよう
　―行動のＡＢＣ―】

私たちの指導の目的は，子どもの望ましい行動を増し，望ましくない行動を減らすことにあります。そのための第一歩は，子どもの行動をよく観察することから始まります。

まず，子どもの行動には，かならず何かきっかけとなる出来事や条件があります。これを**先行事象**（antecedents：Ａ）と言います。勉強がよくわからないとか，授業に集中できない，興味がもてない，つまらない……いろいろあります。

それがきっかけとなって私たちの目につく**行動**（behavior：Ｂ）が起こります。身体を始終動かしたり，椅子をがたがたさせたり，大きな声をあげて授業を妨害したり，隣の人にちょっかいを出すといった行動です。

その**結果**（consequences：Ｃ）周りの子どもたちが騒ぎ出すとか，先生が注意するとか，みんなの注目を浴びるといった新たな行動が起こります。

そうした一連の行動は，気持ちをいらだたせ，増幅し，さらに新しい不適切な行動へと発展し，パニックといった衝動的で爆発的な行動に至ることもあります。行動のＡＢＣを

不適切な行動が強化される

Antecedents：先行事象 なにが原因か？	**B**ehavior：行動 どんな行動をとる？	**C**onsequences：結果 その結果は？
・勉強がわからない ・集中できない ・つまらない	・椅子をがたがたさせる ・大きな声をあげる ・隣の人に手を出す	・周りが騒ぐ ・先生が注意する ・みんなが注目する

図3-1　子どもの行動をよく見てみよう―行動のＡＢＣ―

知ることは，行動の意味を理解し，子どもの実態を正確に把握することができます。まず観察し，分析することは，指導の中身を決定し，効果を知る上でも欠かせません。

次に，指導の**ターゲット**（目標）となる行動を決めなければなりません。子どもがやってもできそうもないと思いそうなら，行動をもっと細かく，いくつかの段階に分けてみます。この作業をスモールステップ化といいます。

『とても無理だ』ではなく，『できそうかな』と子どもが思えるようなターゲットの選び方がポイントです。ターゲットの数も絞り込むことが大切です。

【行動の鍵を握る強化にはプラスとマイナスがある】

ある行動に，その行動を増やす結果が続いて起こることをプラスの強化と言います。

人間の行動の多くは，このプラスの強化によって学習されます。お手伝いをした子どもをお母さんがほめるのは，手伝うことの大切さを教えようとするからです。

反対に，マイナスの強化というのは，ある環境の条件（一般にいやなことや不快なこと）を弱めるとか，除くことによって，行動が増えることを言います。ガミガミ言わないほうがかえってよく勉強するといったことがあります。

同じように，ある行為が行動と結びついて，その行動を減少させるとき，その行為を罰と言います。叱ってもちっとも言うことを聞かないというとき，その叱るという行為は，ここでいう罰とはなっていないのです。

また，強化されていた行動が強化されなくなると，その行動の出現そのものが減ってくることがあります。こうした現象を消去といいます。強化，賞，罰，消去など，いずれも行動理論の基本的な用語ですが，大切なことは行動と結果の関係を表す言葉だということです。

【約束（契約）の大切さ】

行動理論にもとづく指導というと，すぐにサーカスで角砂糖をごほうびに芸をする熊や，電気棒やむちで言うこと聞くライオン，はたまた水族館で芸をするたびにバケツの小魚をもらうイルカを思い出す人が多いのではないでしょうか。『もので釣る指導』とか『餌付け教育』などと言って頭から否定する人もいますが，それは木を見て森を見ていません。

賞や罰によって，普段の行動をより望ましい方向に増やしたり，減らしたりする方法は，いずれも行動原理の応用と言えます。しかし学習や行動面での指導にあたっては，痛みや不快感を与える手続きは用いるべきではありません。

一番よい例は，賞や罰を用いるとしても，そこには約束（契約）といった一種の取り決めをあらかじめ交わします（後述，トークン強化法，レスポンスコスト法）。つまり一方的な指導ではなく，何がターゲットになっているかをお互いに理解し合い，本人にとってよりよい解決や改善のためであることを納得した上で行う指導を目指します。

【基本はきちんとほめること―いろいろなほめ方がある―】

子どもが望ましい行動をしたときはきちんとほめます。何となくほめるのではなく，どの行動がよかったかをはっきりとわかるかた

ちでほめるのです。何がほめられたか子ども自身わかることが大切です。

「〇〇ができたね」とその行動のすぐ後にほめるのは何がほめられたのかよくわかるからです。あらかじめ約束をしておくことも，何がほめられるのかを整理し，わかりやすくしているのです。

ほめることは行動のプラス強化のためのごほうびで**強化子**と呼ばれます。強化子にはいろいろあります。お菓子やジュース，頭をなでる，文房具やおもちゃ，あるいはシールやバッジ，表彰状もあります。みんなの代表とか名誉な役割が得られる，課題が免除される，パソコンで遊ぶ時間が与えられるというごほうびもあります。肯定的な声かけやうなずきなどは社会的な強化子と呼ばれます。

お金も使えると思うかもしれませんが，お金は，不適切な手段で手に入れようとしたりする危険性もあるので指導場面では用いません。かわりに指導場面に限って有効なトークン（模擬貨幣）を用いて，交換のレートを決めて行う**トークン強化法**は，学校や教室場面に限定してよく使われます。

あらかじめ持ち点を決め，不適切な行動が出てしまったときには本人の了解の下に減点していって，残った点数でごほうびが与えられる方法をレスポンスコスト法と言います。

【叱ることは難しい―タイムアウトって何―】

上手な指導はほめる指導だとよく言われます。もちろん子どもによってごほうびの意味や強さ弱さは同じではないということも知っておかなければなりません。教育的な観点から，ほめることはその効果の程度は，子どもによって違いはありますが，比較的安全なやり方と言えるかもしれません。

しかし，叱るというやり方はそれほどやさしくはありません。叱ることがここで説明している罰になっていないこともあるからです。例えばある行動に対して強く叱ると，その行動はその場では減るかもしれませんが，別の場面では増えるかもしれません。また叱ったその人を怖がるとか，嫌うという別の学習をしているかもしれません。ほめるのは効き目の穏やかで安全な漢方薬，叱るのは劇薬といった面があるのです。

子どもが望ましくない行動をしたとき，罰として叱るかわりに**タイムアウト**という方法を用いることがよくあります。これは一定の決められた時間，強化を受ける機会を子どもに与えないようにすることで，不適切な行動を減らそうとする手続きを言います。

このタイムアウト手続きは，罰ではありません。落ち着くことや自分を振り返る時間といえばよいでしょうか，ですからせいぜい数分間です。何十分も隔離したりするのはタイムアウトに名を借りた罰で，まさしく誤用です。

【成就こそ成功の母】

失敗は成功の母といわれますが，つまずき

やすく何事も失敗しやすい子どもの指導の場合には、『成就こそが成功の母』です。ではどのように成功に導くのでしょうか。

　うまくできるように手がかりを与えることを**プロンプト**と言います。舞台などで役者さんにせりふをこっそり教える役目をする人をプロンプターと言いますが、転ばぬ先の杖こそプロンプトです。

　行動のお手本を示すことを**モデリング**と言います。学ぶの語源はまねぶ、つまり真似をすることだって知っていましたか。模倣を引き起こすプロンプトがモデリングなのです。また望ましい行動を少しずつ順序よく身につけさせる方法は**シェイピング**と呼ばれ、新しい行動を学ぶときに用いられます。

　最後に、私たちは不安を感じていると力が出し切れないということがよくあります。ですから指導の環境は、子どもにとって安心できる場であって、人間的であって、それぞれのニーズにきちんと応える場でなければならないということをぜひこころがけてください。

4　ソーシャルスキル指導とは何か

【ソーシャルスキルとは】

　ソーシャルスキルとは、social skills の訳語で、「生活技能」「社会的技能」などと訳されることもあります。本書では、ソーシャルス

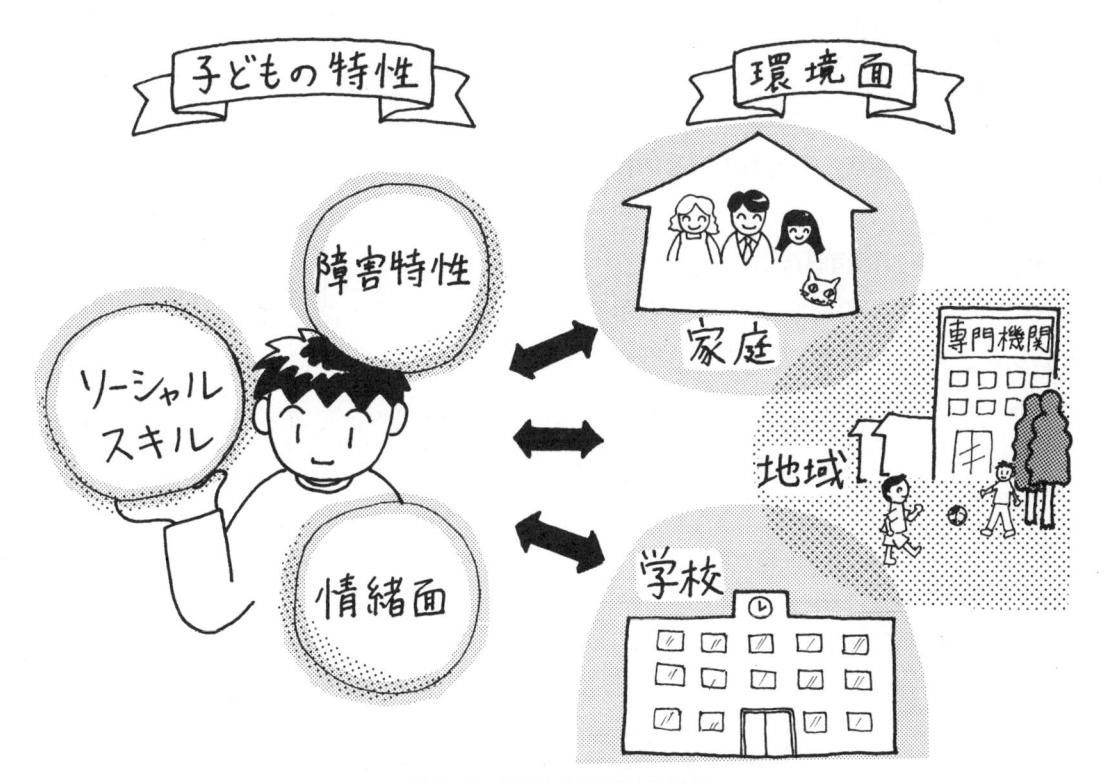

図4-1　子どもを理解する視点

キルを「社会生活や対人関係を営んでいくために，必要とされる技能」と定義します。LDやADHDの子どもは，ソーシャルスキルが身についていなかったり，知らなかったりするために，友だち関係や集団生活で不利を被っています。ソーシャルスキルを具体的に「やり方」や「コツ」として教えることで，子どもたちの生活をより豊かになるように支援するのがソーシャルスキル指導です。

ただ，子どもがたくさんソーシャルスキルを知っていても，家庭での配慮がなかったり，学校での仲間関係が悪かったりすれば，うまくそのスキルを使えません。また，気持ちの面でも，常にイライラしていたり，自信がなくなっていたりすれば，落ち着いて人と関われなくなってしまいます。LDやADHD，PDDは，その障害特性によってつまずき方がさまざまで，指導配慮も違っています。このように，子どもを支援するためには，ソーシャルスキルを教えるだけではなく，**本人を取り巻く環境，情緒面，子どもの障害特性**も考慮していかなければなりません。

【ソーシャルスキルの指導技法】

ソーシャルスキルの指導技法は，「**教示**」「**モデリング**」「**リハーサル**」「**フィードバック**」「**般化**」といったものがあります。1つのセッションで，これらの教え方を組み合わせて，指導を行うのが効果的です。

(1) 直接，言葉や絵カードで教える（教示）

教示とは，直接，やり方を言葉や絵カードなどで教えることです。日頃，親や先生が「静かにしなさい」「ありがとうと言ったら」などと日常的に行っているやり方がこれに当たります。特に，ADHDやPDDなどの子どもには，口で言っただけでは効果がないときがあるので，絵カード（視覚シンボル）や手順表などを用いて教えることが有効です。知的に平均かそれ以上の子どもには，「なぜ，そうしないといけないのか」「そうしたら，どうなってしまうのか」といった理由や結果の見通しなども，ていねいに教示します。

また，PDDなどの子どもは，当たり前となっている暗黙のルールに気がつかないことが多々あります。あらかじめ，ルール表やお約束表などで，「すべきこと」「してはいけないこと」を明確にして，教示しておくことが大切になります。どうすればよいかの見通しをもって行動することで，集団行動や対人関係が営みやすくなります。

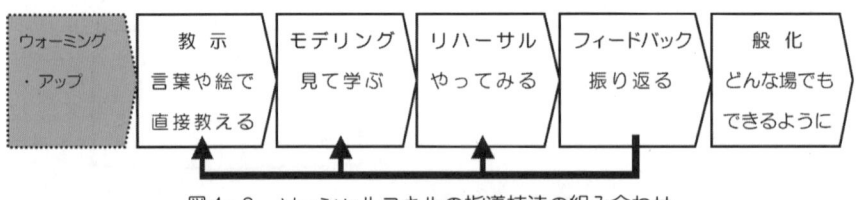

図4-2　ソーシャルスキルの指導技法の組み合わせ

(2) 見て学ぶ（モデリング）

　モデリングには，友だちや先生の適切な振る舞い方を見せるというものと，単純な問題場面を見せどうすればよいか考えさせるというものがあります。保護者や指導者が怒りやすかったり，子どもに威圧的に接したりしていると，子どももその態度を何となく学んでしまいます。日頃の，大人の態度には十分に気をつけなければなりません。不適切なモデルも模倣しやすいので，幼児や低学年は，なるべく適切な場面を見せるようにします。

(3) やってみる（リハーサル）

　実際に，練習してみることをリハーサルと言います。ソーシャルスキル指導では主に，先生や仲間を相手に模擬場面でやってみるといったロールプレイングの手法が用いられます。ただ，発達障害がある子どもの場合，模擬場面だけでの練習では，スキル定着と般化がうまくいきません。ゲームのなかで練習したり，ワークシートを用いて練習したりと多層的にリハーサルを行います。

　本書では，プログラムの大部分にゲームを取り入れています。ゲームのなかで楽しく，練習していきます。また，ロールプレイングやゲーム場面だけでなく，実際の人間関係のなかで，スキルを使うように促していきます。そのためには，日常場面での指導者の丁寧なプロンプト（促し）が必要となります。

(4) 振り返る（フィードバック）

　子どもの行動をほめたり，「〜してごらん」と修正を求めたりすることをフィードバックといいます。問題行動の後に，怒ったり注意したりすることもフィードバックになります。ただ，「それはダメ」「お礼も言えないの」等と否定的にするのではなく，効果的なフィードバックの方法は，指導者は落ち着いた態度で，「ありがとうと言うといいよ」等と肯定的にすることです。

　また，適切な行動が見られた場合，即時に評価してあげる，ただほめるのではなく，何についてほめたかを明示することも大事です。やみくもにほめられた子どもはプライドだけが肥大していき，適切な自己認知ができなくなっていきますので注意が必要です。

　子どもの年齢や興味関心などに応じて，適切なほめ方（強化）をしていきます。幼児や小学校低学年の場合は，シールを貼ってあげてもよいですし，高学年や中学生の場合は，みんなのモデルとなるように紹介したりすることも効果的です。そのほかに，拍手をする，肩を叩く，微笑むといった社会的な強化子を

使うことも大事です。ポイントを貯めていき，それを特典に代えるといった**トークン強化法**も用いてもよいでしょう。

（吹き出し：目を見て言えたね 次は声の大きさに 気を付けよう）

(5) どんな時，どんな場，どんな人でもできるようにする（般化）

ソーシャルスキルの指導では，指導場面ではスキルを発揮できるのに，実際の生活場面ではうまくいかないといった般化の問題がしばしば起こります。特に，軽度発達障害の子どもたちは，仲間からのいじめを受けたり，大人が本人の特性を理解してくれなかったりと本人を取り巻く環境に問題がある場合が多く，そのような環境では，本人はスキルを発揮できません。般化を促すために，本人を指導するだけではなく，本人を取り巻く環境へ働きかけることも必要になります。

指導者がまず先にできることは，指導プログラムや子どもの目標を保護者や在籍学級の先生等と共有することです。子どもは何をがんばっているのか，何に取り組んでいるのか，具体的に先生や保護者に伝えていきます。本書では，巻末に**保護者用と在籍学級用のお知らせ（資料1）**のフォーマットを準備しています。積極的に，連絡，連携を取ることで，学校，家庭，地域で子どもを育てていきます。

般化には，学んだことをいつ，どこでやってみるか，教示したり話し合ったりすることも含まれます。また，家庭や在籍学級，地域活動で実際にやってみるように**宿題**を出したりもします。

（吹き出し：おはよう！／おはようございます！）

(6) 「頭で」「体で」「いつでも」できるようにする

LD，ADHD，高機能PDD等の軽度発達障害の子どもたちは，ある種のソーシャルスキルの学習困難をもっていると言えます。した

あたま（認知）	からだ（行動）	いつでも（般化）
動機づけ（必要性） 知識としての習得 ・教示，モデリング ・スクリプト ・視覚化 ・見通し	行動の習得 行動の定着化 ・適切なプロンプト ・丁寧なフィードバック ・多層的なリハーサル ・構造化された学習	時，場所，人を越えて ・フィードフォワード，宿題 ・時，場所，人を代えて練習 ・機会利用型指導 ・在籍学級，家庭，各機関との連携

図4-3　認知行動論的な学習プロセス

がって，ソーシャルスキルの学習は，丁寧で確実な方法が必要とされます。この本では，認知的に理解し，行動として確実に定着させ，時・場所・相手を問わず般化できるように，**認知行動に基づく学習**を推奨しています。

①「頭で（認知的）」とは，ソーシャルスキルをやり方として具体的に知ること，ソーシャルスキルの意義や必要性を理解することの2つを大切にします。

その次に②「体で（行動的）」学習を促します。頭でわかっていても実際に行動が伴わなければ，活きた学習とはいえません。

最終的には，③「いつでも（般化）」できるように促していきます。これらの学習方法が，バランスよくできるように，指導をプログラミングすることが重要です。

【障害特性に応じた指導のポイント】

(1) LDへの配慮指導

LDの児童生徒の指導にあたっては，主症状である「学力の困難（読み，書き，算数）」，「言葉の困難（聞く，話す）」を捉えるだけでは不十分です。LDと重複性の高い「対人関係の困難」「運動の困難」「注意集中・多動による困難」についても配慮していきます。

LDの指導の焦点は，まず認知の偏りに向けられます。LDは，固有の認知の仕方や情報処理の特性に配慮した指導が有効とされます。また，学力や言葉の困難から，仲間関係でいじめを受けたり，自信がなくなったりしている場合があり，二次的症状としての情緒面・行動面の問題を多くもつことがあり，この対応も必要になります。下記にソーシャルスキル指導におけるLDの児童生徒への配慮指導のポイントを挙げてみましょう。

得意な認知特性を生かす：LDの子どもは，知的に遅れはないが，認知特性に偏りをもっており，得意，不得意の差が大きいと言えます。LDに有効な方法とは，子どもの優位な認知特性を上手に活用することです。言語能力や論理的思考が優れている場合は，スキルが日常生活にどのように役に立つのかイメージさせたり，「チクチク言葉に気をつける」等，言葉でルール化して教えたりします。視覚認知が優位である場合は，実際に大人がモデルを示したり，視覚教材を多用したりすることが効果的です。

板書，教示の際の工夫：聞く力が弱い子どもには，要点が伝わるように，短くわかりやすい言葉で説明します。板書の際は，整理して書くだけでなく，重要点の強調などに工夫します。視覚シンボルや簡単な手順表を用いることも効果的です。

書きに対する支援：書く力が弱い子どもには，選択肢形式か，多く書かなくてよいワークシートを用意します。「書きの困難」で生じる負担を減らすように工夫します。

発表時の支援：緊張が強い子ども，話す力が弱い子どもの場合は，あらかじめ，ワークシートなどを用いて発表する内容を準備させます。事前に，指導者を相手にリハーサルしたりしてもよいでしょう。また，まとめることが苦手な場合は，発表の内容をまとめるための援助をします（例えば，事前に，「いつ」「どこで」「だれが」などの整理表を用いる）。

自己効力感を高める工夫：二次症状をもっているLDの場合，うまく発表する，友だちに話しかける，いっしょに楽しく遊ぶ等，

ソーシャルスキルを行うこと自体に自信がない場合があります。事前に指導者と個別的に練習をし，自信をもって行動できるように促したり，子どもができていること，子どもの優れているところをたくさん肯定的に評価したりといった工夫が必要です。

(2) ＡＤＨＤへの指導配慮

ADHDは，注意集中の障害，衝動性や多動性による困難が対人関係や集団行動に大きく影響します。ソーシャルスキル指導のときも，これらの障害特性への配慮が必要です。

集中時間の設定：注意集中の持続が短い場合，少なくとも課題の展開を意図的にいくつかのステージに分けて行います。子どもたちの集中の持続に応じた授業を組むことをこころがけます。

座席の位置：座席を個別的な観察や指示がしやすい位置にします。余計な刺激（落ち着かない友だち，掲示物など）が目に入らないようにすると，落ち着いて授業に取り組むことができます。

強化子，強化のタイミングの工夫：ADHDの子どもは，ほめ方（強化子）を工夫しなければなりません。シールを貼る，みんなの前でほめる，特権を与えるなど，その子どもに魅力的なほめ方をします。また，いつも同じシールを貼るなど決まったほめ方が続けば，すぐにあきてしまいますので，ある程度の期間で強化子を代えてみることも必要な工夫になります。ほめるタイミングは，**即時フィードバック**が基本になります。適切な行動が見られたらすぐに「その挨拶，いいよ」「話をしっかり聞けているね」等と肯定的に評価します。ただ，ほめなくても適切な行動をとれるようになるために，ある程度，行動の変化が見られたら，徐々に評価するタイミングを遅らせていきましょう。（例えば，即時（1秒後）→活動・ゲームごと（10分後）→1セッションごと（1時間後）→1学期ごと）

自尊心を高める配慮：注意や怒られることが多い子どもは，自尊心が低くなりやすいです。ADHDの子どもは特に，自分を「ダメなやつ」「何をしても失敗する」などと否定的に捉えやすいようです。自尊心を高めるためには，指導者や保護者ががんばれるとき，努力しているときを見つけて，肯定的なフィードバックをたくさんしてあげるとよいでしょう。また，ちょっとしたケアレスミスや失敗には，寛容になり，あまりうるさく注意しないことが大事です。

タイムアウトの有効活用：イライラしたり，気分が高揚してしまったときに，少し休憩を取るということも必要になります。タイムアウトの部屋やスペースを確保しておき，落ち着きたいときに利用できるようにするとよいでしょう。自分を落ち着かせることも積極的に経験させ，自己コントロールの力を育みます。

専門医との協力：ADHDには**中枢神経刺激剤**のような薬物が行動のコントロールに効果を見せる場合もあるので，専門医との協力による指導が欠かせません。

(3) 高機能ＰＤＤへの指導配慮

PDDは対人関係やコミュニケーションの困難が中心障害ですので，LDやADHDよりもソーシャルスキルの困難は大きくなります。PDDのソーシャルスキルの困難の背景には，周りの雰囲気，状況が読み取れない，暗黙の

ルールを察することができない，他者の気持ちや考えを推測することが難しいといった**社会的認知の障害**があります。また，自分なりの考えに固執したり，行動や気持ちの切り替えが難しかったりと，**保続**や**こだわり**の問題ももち合わせています。PDDには，これらの障害特性に応じた支援が必要となります。

見通しをもたせる：自分なりの予定や考えにこだわりやすく，状況の変化に柔軟に対応できないので，あらかじめ，活動の予定，とるべき行動などは具体的に事前に教えておくことが大切です。突然，予定を変更すると，パニックになったり，強いストレスを与えることがあります。幼児や低学年の場合は，なるべく予定の変更を避けるといった配慮が必要です。事前に，「していいこと」「気をつけなければならないこと」をルールやポイントとして，明示しておくことも大事です。不適切な行動が起きた後に注意するよりも，適切な行動を増やすために，事前に見通しを与えるようにするとよいのです。

視覚化する：PDDなどの子どもは言語や抽象思考が弱く，一方で視覚的情報処理が得意な子どもが多いために，目で見せて理解させる支援が有効です。ルール，やり方，スケジュールなどを表にしたり，絵など視覚シンボルで提示します。最近では，人とのコミュニケーション場面を視覚化し，相手の意図や気持ち，社会的状況を整理し理解させる**コミック会話**も有効です。子どもが困っていたり，うまく状況を理解できなかったりしたときに，人の絵と吹き出しを描いて，それをもとに話し合いながら指導していく技法です。

手順化する：PDDなどの子どもは，「片付けなさい」と単に言われるだけでは，どうしたらよいかわからなくなります。他者の言っていることの真意をつかみにくかったり，具体的にどうすればいいのかイメージできなかったりしますので，**スクリプト**の技法を用います。スクリプトとは，作業手順，活動予定，問題の解き方などを手順化して，具体的に示す方法のことです。PDDなどの子どもにとって行動するための台本みたいなものです。キャロル・グレイは，社会的行動に対しても手順化，台本化して支援していく**ソーシャルストーリー**という方法を開発していますが，これもスクリプトと言えます。

パターン化とパターン崩し：PDDなどの子どもの学習スタイルは決して柔軟ではなく，一度身につけた学習法や同じ学習内容に固執しやすいものです。しかし，逆に，自閉症固有のこだわりやすさを活かして，パターン化して教えるといった方法は有効です。繰り返し何度も，同じ手順を意識して練習することで，確実なスキルの定着化がはかれます。しかし，高機能自閉症やアスペルガー症候群のなかでも，知的に高い子どもは，パターン化された整った環境で社会生活を送ることは比較的少ないものです。多くの子どもたちと同様に，柔軟に考え，次々と問題に対処していくことが求められます。

小学校の高学年になれば，ルールでも時と場合によって例外のあることや，問題の解決方法は1つではないこと等も指導していくとよいでしょう。まずは，パターンを教えて行動を確立させ，その後に，パターンを崩さなくてはいけない状況も経験させます。

大人がこだわって，子どもとぶつからな

い：「ごめんなさいと言ってもらいたい」「みんなと遊べるようになってほしい」等，意外と大人のほうにもある種のこだわりがあり，それを子どもに押し付けている場合があります。子どもが，頑固なときには，同じレベルでカッとなりぶつかるのではなく，冷静になって対応することが望まれます。不適切なことは，一貫して冷静に注意し，取るべき行動を伝えます。それ以上，深追いして，子どもを追い込んではいけません。

　興味関心，ペースの合う仲間をつくる：PDDなどの子どもは，興味のあることを通して仲間と関わったほうが，上手にコミュニケーションが取れます。対等で満足感のある仲間関係は，子どもの社会性を自然に育みます。PDDなどの子どもも，同じペースや同じ世界観の仲間とやり取りを通して，ソーシャルスキルを学習していきます。PDDなどの子どものソーシャルスキル指導では，まず，仲間づくりから始めていく必要があります。

⑷　**軽度知的障害，境界知能への指導配慮**

　軽度知的障害や境界知能の子どもは，理解の面での困難もあるので，さらに丁寧で具体性のある指導が望まれます。特に，LD，ADHDやPDDで知能水準が境界域（もしくは軽度知的障害）の場合，ソーシャルスキルの困難はより大きくなりがちです。理解の面だけでなく，LD，ADHD，PDDの特性に十分配慮した指導を合わせ考えていかなくてはなりません。

　より具体的に，よりわかりやすく：どの子どもにも当たり前のことなのですが，特に知的理解のハンディキャップがある子どもには，わかりやすい指示と具体性が求められます。言葉で教えるだけではなく，具体的に指導者がモデルとなり，1つ1つできるように付き添います。また，実際の生活場面での指導がとても大切で，日常生活のなかでの教育課題を1つ1つていねいに取り組んでいく「生活単元学習」の視点を忘れてはいけません。

　子どもが達成可能な指導目標を設定する：軽度知的障害や境界知能の子ども自身が感じている苦手さは，教師や保護者にとってはわかりづらいものです。そのために，本人のできる範囲を超えて，勉強でも対人関係でも無理をさせてしまうことがよくあります。まず，周りの大人は，本人の理解の難しさをわかってあげることがポイントになります。指導目標については，周りの子の基準や，大人が思い描いている基準で設定するのではなく，その子ども自身が，短期間のちょっとした努力で達成できるといった視点から設定していきます。

　生活環境・教育環境を適切なものへ：本人と本人を取り巻く環境が合わないと，情緒面や行動面でさまざまな問題が生じます。それだけではなく，子どもの成長の機会を奪ってしまうことにもなります。個別的な対応ができ，小集団で仲間関係をつくることができる教育環境を考えることが大切です。本人に合った生活環境，教育環境があるからこそ，ソーシャルスキル指導は活きてきます。

⑸　**運動の苦手な子への指導配慮**

　運動面での不器用はLDやPDDなどの子どもに多く見られます。微細運動に困難がある子どもは，鉛筆，定規などの文具，リコーダーなどの楽器の使い方がぎこちなく，不得

意です。そのため，書くことや細かい作業に抵抗感をもちやすいようです。粗大運動や協調運動が苦手な子どもは，外に出て遊ぶことをいやがったり，運動が不得意なために仲間から拒否されたりする場合があります。苦手なことは，丁寧に練習をすることが必要なのですが，ソーシャルスキル指導では，子どもの不器用さや抵抗感には十分配慮していきます。また，サッカーやドッジボール等を小さい集団で気軽に行うことで，抵抗感を減らしていきます。

(6) 不登校やODDへの指導配慮

不登校やODD（反抗挑戦性障害）の子どもの背景には，情緒の問題がたくさん存在します。また，軽度発達障害の子どもは，二次症状として情緒，行動の問題をもつ場合が多く，自己効力感や自尊心を高めるような指導の工夫が必要です。また，感情コントロールのプログラムを丁寧に行い，①大人が感情を承認する，②感情の認知と表現を促す，③ネガティブな感情に対処する方法を学ぶといった段階で支援します。ただ，情緒の問題や行動の問題が強い場合は，ソーシャルスキル指導そのものが難しい場合があります。その場合は，個別カウンセリングやプレイセラピーを受けるように勧めたり，本人を取り巻く環境（家庭，学校，地域）を調整していったりすることが重要です。

【ゲームを活用する】

従来から，子どもがグループ活動やソーシャルスキル指導を抵抗感なく，楽しめるように，ゲームがたくさん用いられてきています。本書でも，プログラムの大部分にゲームを取り入れています。ゲームは，子どものモチベーションを高めるだけではなく，指導場面でもスキルを実践的に練習できるといった利点があります。年齢や子どもの興味関心に応じて，ウォーミングアップやソーシャルスキル指導の般化・定着化課題としてゲームを導入するとよいでしょう。ゲームは，学級づくりゲーム，構成的グループエンカウンター，プロジェクトアドベンチャーなどのものを応用したり，子どもが日頃よく行うようなもの，テレビや学校で流行っているものを取り入れてみたりすることをお勧めします。

★ゲームについての参考文献

- 小貫悟・名越斉子・三和彩著『LD・ADHDへのソーシャルスキルトレーニング』日本文化科学社　2004
- ウイリアム・J，クレイドラー，リサ，ファーロン著／プロジェクトアドベンチャージャパン訳『プロジェクターアドベンチャーの実践　対立がちからに』C.S.L学習評価研究所　2001
- 田中和代著『ゲーム感覚で学ぼう　コミュニケーションスキル』黎明書房　2004
- 八巻寛治著『小学校学級づくり・構成的グループエンカウンター・エクササイズ50選』明治図書　2004

5　ソーシャルスキル指導のポイント

【ソーシャルスキル指導の3つのタイプ】

従来，行われてきたソーシャルスキル指導には，「活動型」「教授型」「機会利用型」の3タイプがあります。これらの指導は，子どもの実態に合わせて臨機応変に行われます。

活動型（activity-based）の指導とは，子どもたちが楽しめるゲームやアクティビ

ティを中心に指導を組み立て，仲間関係をつくり深めていくことを目的とした指導方法です。積極的にスキルを教えるというよりも，仲間関係をつくること，グループ活動に楽しく参加すること，成功体験をもとにスキルを学ぶことに重点が置かれます。ソーシャルスキルを高めるのに効果があるエクササイズも開発されています。

年間プログラムのウォーミングアップとして，仲間関係をつくったり，グループ活動への動機づけを高めたりするために，この視点で指導を行います。また，仲間への関心が乏しかったり，仲間に関われない子どもがいる場合は，「活動型の指導」で仲間との相互交渉を増やし，「仲間と遊んだり活動したりすることは心地よいこと」といった感覚を育てていきます。また，対人不安などの二次的な問題を軽減する効果も期待できます。しかし，この方法は，効果的で生産的なスキルの学習はあまり期待できません。

教授型（instructional）の指導とは，グループの子どもたちの指導目標をもとに，ソーシャルスキルのテーマを決め，それに沿ってプログラムを組んでいく方法です。モデリング場面で問題を理解し，スキルが教えられ，ロールプレイングで練習していくといった教授型の流れでプログラムが組まれます（詳しくは小林・相川，1999；佐藤・相川，2005）。子ども同士や指導者と子どもとのよい関係ができ始めたときに，「教授型の指導」を始めていきます。生活場面で，子どもたちがつまずいていること，困っていることをテーマにして，積極的に学んでいきます。生産的で効果的なスキル学習が望めますが，子どもが高い動機づけをもって指導に参加していることが必要となります。動機づけが低い子ども，情緒や行動の問題が深刻になっている子どもにはこのタイプの指導は向きません。

機会利用型（incidental）の指導とは，日常生活のなかで，機会を見つけて，スキルを指導していく方法です。生活場面で，その都度，教示したり，フィードバックしたり，モデルを示したりします。特に，プログラムやグループを組んだりはせず，指導者は対象の子どもに付き添うことをします。日常場面で指導するので，即，般化といった特徴があります。「教授型の指導」のプログラムは，般化が問題になりますが，それに「機会利用型の指導」を組み合わせることで，補っていくことが可能です。

【授業の組み方】

特別支援教室や民間の指導療育機関で行うときには，週1回，45分～90分で実施するのがよいでしょう。1回のセッションは，下記のような流れで構成します。

はじまりの会では，日直の役割を遂行すること，活動の見通しをもつことなどがねらいとなります。この時間に，何かテーマを決めてスピーチをしてもらってもよいでしょう。また，個別の目標やグループのめあてがある場合，ここでめあての説明と教示をしていきます。**ウォーミングアップ**では，こころと体がリラックスでき，簡単に楽しめるゲームを行い，次のソーシャルスキルプログラムへの準備をします。学校ではやっているものや，日常の友だち関係で行うゲーム（ウノやトランプなど）をしてもよいでしょう。**ソーシャルスキルプログラム**は，本書の実践編で紹介

しているものを実施していきます。毎回の指導は，確実にスキルが積み上がるように関連するテーマのものを選んでいくとよいでしょう。年度初期は，この枠にウォーミングアップ的なゲーム，お楽しみ活動的なゲームを実施してもよいでしょう。**お楽しみ活動／運動ゲーム**では，体を動かしたり，仲間と協力したりできるゲームを行います。その前の枠のソーシャルスキルプログラムに関係するゲームを取り入れ，スキルを実践させてもよいでしょう。低学年の場合は，勝負に関わるゲームをこの枠で行う場合もあります。**おわりの会**では，ふりかえりシート（資料2，資料3）を用いて，その日の活動について，ふりかえります。何をしたか，感想はどうか等を書いてもらいます。グループ活動で起きた気持ちを表現し消化することもねらいとなります。また，個別目標やグループのめあてが設定されている場合，自己評価，指導者評価をしていきます。

　ソーシャルスキル指導は，1年間の期間で実施されることが望ましいです。年度始めには，活動型の指導で，グループ活動への動機づけを高めること，グループ内の仲間関係をつくることをねらいとします。その次に，教授型のプログラムを実施し，積極的にスキルを指導していきます。年度の終わりには，これまで学んだことのまとめをしていきます。

表5-1　小学生の指導の流れ（90分）

1　はじまりの会	10分
日直（司会進行），挨拶，出席確認，今日の予定，1分間スピーチ	
2　ウォーミングアップ	10分
カードゲーム，流行のゲーム等，簡単に楽しめるもの	
3　ソーシャルスキルプログラム	30分
ねらいがはっきりしていて指導の中心となるプログラム	
4　休憩	10分
5　お楽しみ活動／運動ゲーム	20分
体を動かすゲームやグループみんなで楽しめる活動	
6　おわりの会	10分
日直（司会進行），今日の感想，先生の話，挨拶	

＊＊　幼児や低学年の場合，1つの区切りは長くても10分程度がよい

【グループの組み方】

(1) 参加者の構成

表5-2　グループ構成のチェック項目

1	年齢が近い 小学生1年～3年／4年～6年／中学生の区分　本来は同学年がベスト
2	遊び，趣味が合う 活発に動く／室内遊び／パソコンやテレビゲーム／話題／興味関心
3	知的水準が一致している 軽度知的障害～境界知能／標準知能／標準から優れている　の区分
4	行動，情緒の問題が深刻ではない 反抗，行為障害，不安，混乱，人間不信が強い場合，グループ指導には不適

1学期
- 活動への動機づけ
- 仲間関係づくり
- 個別目標・ねらい決め

2学期
- 仲間関係づくり
- ソーシャルスキルプログラム

3学期
- ソーシャルスキルプログラム
- 年間のまとめ
- 個別目標の評価

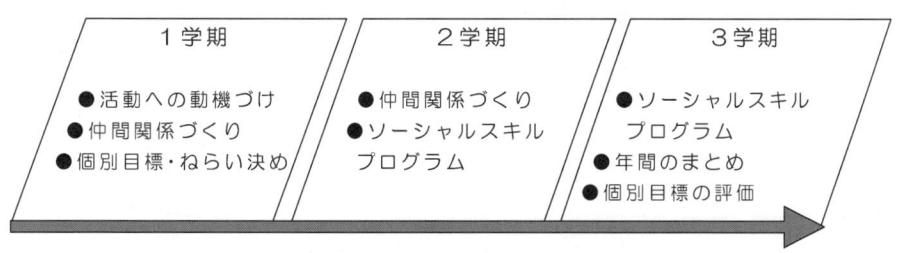

図5-1　年間の指導の流れ

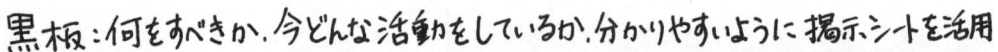

黒板：何をすべきか、今どんな活動をしているか、分かりやすいように掲示シートを活用

今日の予定
1. はじまりの会
2. はっぴょう
3. サーキットきょうそう
4. おちたおちた
5. おわりの会

今日のめあて
1. ＿＿＿＿
2. ＿＿＿＿

きくしせい

すきなたべもの
うえの　うどん
そめき　チョコレート

席の配置の工夫：自然に前に注目できるように

活動中、サブが個別に注意する時は、声をかけるのではなく、小さなカードを見せるなどして気付きを促す方法もある

「よくきこう」　「しずかに」　「よいしせい」

図5-2　教室の構造化

本書で紹介するソーシャルスキル指導は，3〜10人の小集団を基本としています。良好な仲間関係を通して，ソーシャルスキル指導を行うとより効果的ですので，子どものグループ構成がたいへん重要になります。子ども同士の相性，指導目標がある程度一致していることがグループ構成のポイントとなります。27頁に，チェックポイントを挙げます。

(2) 指導者の構成

子ども3〜10人のグループでは，2〜4人の指導者がいるとよい。幼児や低学年の場合は，指導者が多ければ，グループ指導で個別的な介入も多くできる。指導のなかでは，全体のプログラムを進めるメイン（1人）と個別的な介入をしたり補助的に動いたりするサブ（その他数名）に分かれる。それぞれの役割のポイントは表のとおりです。

表5-3　メイン（1人）の役割

① 子ども全員にわかりやすい説明をする
② グループ全体で取り上げたほうがよいことは，活動の流れを止めてでも教示したり，子どもたちと話し合ったりする
③ ソーシャルスキルやグループのめあて（ルール）を教示する
④ モデリング場面，ロールプレイングのファシリテーター役をする
⑤ 子どもたち全員の注意を前に向けさせる

表5-4　サブ（複数）の役割

① 子どもがゲームや活動を理解できるように個別的に補助する
② グループ全体で取り上げないほうがよいことは，個別的に教示する
③ 個別のめあて（ルール）を個別的に教示する
④ モデリング場面，ロールプレイングでの実演者をする
⑤ 個別的な声かけ（視覚シンボル）で注意を前に向けさせる

【教室の構造化】（28ページ参照）

ADHDやPDDなどの子どもは，注意集中の問題をもちやすいので，刺激が少なく，落ち着いた環境を整えてあげることが必要です。黒板には，出席表，めあて表（もしくは，今日学ぶソーシャルスキル），活動スケジュール程度のものがきれいに提示されているだけにします。子どもたちの座席も，自然に前に焦点が向くように配置します。

6　ソーシャルスキル指導の評価

【よい指導はよいアセスメントから生まれる】

特別支援教育においては，よい指導を行う（DO）ために，子どもの実態を把握し，それに沿ったプログラムを立てていくこと（PLAN），そして，指導の途中で，また，指導が終了したときに，その指導がよかったか，改善点は何か，評価していくこと（SEE）が望まれます。PLAN―DO―SEEの理念の下，ソーシャルスキル指導においても，指導を組み立てていきます。特に，①子どもの実態を把握すること，②指導効果を測定することが大事になります。

【ソーシャルスキル尺度での評価】

子どもの実態把握のため，また，指導効果の測定のため，チェック尺度を用いて子どものソーシャルスキルの状態を評価していきます。実施は，年度始めと年度終わりの2回がベストです。ソーシャルスキル指導が特別支援教室のような通級の場で行うのであれば，在籍学級の担任教師にも日常の様子を評定してもらうとよいでしょう。ソーシャルスキル尺度の具体的な利用については，巻末の資料に記載してあります。

図6-1　年間の指導の流れ

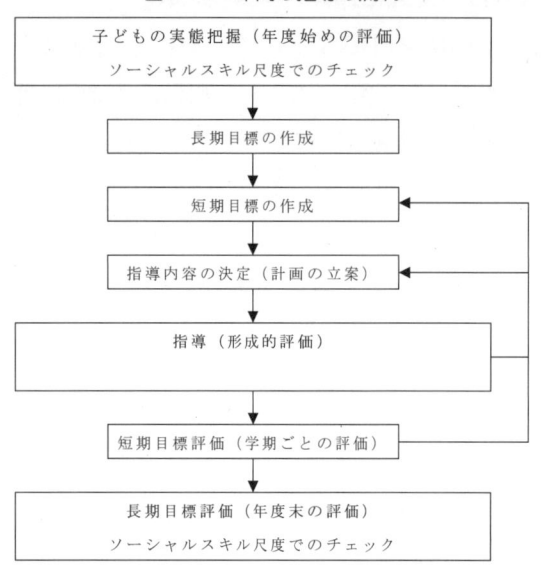

```
┌─────────────────────────┐
│ 子どもの実態把握（年度始めの評価）│
│ ソーシャルスキル尺度でのチェック │
└─────────────┬───────────┘
              ↓
    ┌──────────────────┐
    │   長期目標の作成   │
    └─────────┬────────┘
              ↓
    ┌──────────────────┐
    │   短期目標の作成   │←──┐
    └─────────┬────────┘    │
              ↓              │
    ┌──────────────────────┐ │
    │ 指導内容の決定（計画の立案）│ │
    └─────────┬────────────┘ │
              ↓              │
    ┌──────────────────┐    │
    │  指導（形成的評価） │    │
    └─────────┬────────┘    │
              ↓              │
    ┌──────────────────────┐ │
    │ 短期目標評価（学期ごとの評価）├─┘
    └─────────┬────────────┘
              ↓
┌─────────────────────────┐
│  長期目標評価（年度末の評価）  │
│ ソーシャルスキル尺度でのチェック │
└─────────────────────────┘
```

【指導内容を決定するために】

ソーシャルスキル尺度のそれぞれの項目をチェックし，粗点を出し，それを評価点へ換算すると，子どもの年齢集団を基にした相対評価ができます。つまり，同年代の子どもと比べて，「集団行動」「仲間関係」等のスキル領域のどこにつまずきがあるか把握できます。落ち込んでいるスキル領域は，そのまま指導領域に結びつきます。指導をする際には，落ち込んでいるスキル領域（指導領域）に対応するプログラムを選んでいきます。また，スキル領域といった大きな見方だけではなく，各項目も細かく見ていきます。低く評定された項目をピックアップし，そのなかから，子どもの社会適応に重要なものでなおかつ，今の段階で指導するとよいものを1〜3個選びます。その項目を基に，指導内容を決定していきます。指導内容を決定するために，巻末のアセスメントシート（資料6，図6-2）を用います。指導内容は，グループの参加者全員が課題となるようなスキルにします。グループ内で指導内容に統一性がない場合は，それぞれの子どもが必要としているスキルを1つずつ扱っていってもよいでしょう。

【指導効果を調べるために】

特別支援教育においては，子どものためになる指導をしていく義務があります。そのためには，指導後の評価を教師は客観的にしていかなければなりません。ソーシャルスキル尺度を用いて効果測定をしていきます。なるべく，ソーシャルスキル指導をする指導者だけではなく，子どもと一番長い時間接している在籍学級の先生に，指導前と指導後の評価をしてもらうとよいでしょう。また，在籍学級の先生や保護者と直接面談をして，本人の状況の聞き取りもしていきます。中学生には，直接本人から聞き取りを行っていきます。

図6-2　指導内容を決定するためのアセスメントシートの例（ＡＤＨＤの小4，男児）

ソーシャルスキル尺度の結果のまとめ	指導目標（長期目標，短期目標）	指導方法，指導内容 ソーシャルスキルプログラム
集団行動　　　　　：5 セルフコントロール：6 仲間関係スキル　　：10 コミュニケーション：8 課題の項目 集団：ルールに従ってゲームに参加できる セルフ：友達の嫌がることを言ったりやったりしない 言語：決まった意見に従うことができる	長期目標① あったか言葉を習得する／チクチク言葉を抑える 長期目標② 話し合いを協調的に行う（意見に従う／上手に提案する／相手の意見を受け入れる）	ルールを毎回事前に提示／できている場面を見て肯定的にフィードバックする ★実施するプログラム あったか・チクチク言葉（NO.15） みんなで決めよう（NO.19） 提案しよう（NO.22）

第Ⅱ章 ソーシャルスキル指導の実践プログラム

実践編解説　上手な利用のために

　実践編は，38のソーシャルスキルの指導プログラムで構成されています。これらのプログラムは幼児・小学生（低学年），小学生（中学年），小学生（高学年），中学生の対象順に並んでおり，それぞれの指導領域でも検索できるようなっています。まずは，指導の対象となる子どもたちの学年とアセスメントから導き出された指導領域の２点をもとに，実践編のプログラムを選択し，実施していくとよいでしょう。ソーシャルスキルの指導プログラムは，下記の項目に沿って記述してあります。

指導領域：集団行動，セルフコントロール，仲間関係，コミュニケーションの４つの指導領域を設定しています。これらの指導領域は厳密に分けられないときがありますが，ソーシャルスキルのアセスメントの結果を参考に，指導が必要な指導領域から，プログラムを選んでいきます。
【集団行動】学校生活や集団行動などフォーマルな人間関係に必要なスキル
【セルフコントロール】行動，注意，衝動性，感情などの自己統制に関するスキル
【仲間関係】友だち関係を維持したり，友情を深めたりするのに必要なスキル
【コミュニケーション】会話，話し合い，自己表現など意思伝達手段に関するスキル
実施時間：プログラムを実施する上で必要な時間，おおよその目安
プログラムの概要：プログラムの簡単な説明
ねらい：テーマとなるソーシャルスキルを具体的に下位スキルに分けたもの
ゲーム：このプログラムで用いるとよいゲームを挙げています。子どもたちが遊びを通して楽しくソーシャルスキルを学べるように，多くのプログラムでゲームを取り入れています。ここで取り上げたゲームは一例ですので，実施する子どもたちの実態に合わせて，アレンジしたり，さまざまなものを行ってみたりしてください。
準備物：ワークシートや掲示シート，その他プログラムで使うもの
留意点：このプログラムを実施する上で留意しなければならない点
関連プログラム：実践編のプログラムは，それぞれ関連し合っています。確実にスキルを定着させ，日常で生かすために，系統的にソーシャルスキルの指導プログラムを組む必要があります。←はこのプログラムを実施する前に行っておくべき前提となるもの，→はこのプログラムを実施した後に行うとよいもの，⇔は双方関連し合っておりどちらを先に実施してもよいものを表します。
指導の展開：どのように指導を進めていくか，指導計画の案を掲載しています。
掲示シートやワークシート，ソーシャルスキルの指導に使えるゲーム：指導で活用する掲示シートやワークシートを掲載しています。また，ソーシャルスキルの指導に使えるゲームも詳しく記載してあります。そのまま指導に活用しても，これらをアレンジして行ってもよいでしょう。対象の子どもたちの実態に合わせて，応用してください。

[実践編関連一覧]

対象	番号	タイトル	ページ	指導領域				ねらいとなるソーシャルスキル
				集団行動	セルフコントロール	仲間関係	コミュニケーション	
幼児・小学生（低学年）	1	めあてを決めよう	34	◎	◎	◎	◎	動機づけ／目標設定
	2	挨拶をする	36	◎		◎	◎	挨拶
	3	見る修行	40	○	◎			注意を向ける／注目する（視覚的）
	4	聞く修行	42	○	◎		○	注意を向ける／注目する（聴覚的）
	5	負けても平気	44	○	◎			勝ち負けの見通し／くやしさの表現
	6	あっ，フライング!!	46	○	◎			不注意・衝動的行動への気づき／自己調整
	7	発表をするときは？	48	◎			◎	発表スキル（声の大きさ／姿勢）
	8	話を聞くときは？	52	◎	○		○	聞くスキル（静かにする／見る／よい姿勢）
	9	話しかけるときは？	54	○		○	◎	話しかける（近づく／見る／声の大きさ）
	10	ものを借りるときは？	58	◎	○		◎	「かして」と言って借りる
	11	仲間に入るときは？	60			◎	◎	「入れて」と言って遊びに入る
小学生（中学年）	12	自己紹介をしよう	62	◎		○	◎	自己紹介の仕方を知り，習得する
	13	名前を覚えよう	64			◎	◎	名前と顔を覚える／仲間への意識
	14	名前で呼ぼう，返事をしよう	66	○		◎	◎	仲間の名前を呼ぶ／返事をする
	15	あったか・チクチク言葉	68	◎	◎	◎	◎	あたたかい言葉かけ／チクチク言葉の制御
	16	仲間と動きを合わせよう	72	◎		◎		協力する／仲間と動きを合わせる
	17	助けて，ヘルプミー!!	74			◎	◎	仲間に助けを求める／仲間を助ける
	18	いろんな気持ち	76		◎		○	感情語を知る／増やす
	19	みんなで決めよう	80	○	○	○	○	話し合い／意見の決め方／決まった意見に従う
小学生（高学年）	20	ソーシャルスキルってなあに？	84	◎	◎	◎	◎	動機づけ／ソーシャルスキルの意義を知る
	21	わかりやすく伝えよう	86		○		◎	わかりやすく伝える／視点取得／心の理論
	22	提案しよう	90		○		◎	話し合い／自分の意見を提案する
	23	上手な聴き方	92		○		◎	話し合い／見る／待って聞く／うなずく・あいづち
	24	感情ぴったんこ	96		◎	○	○	自分の感情の認知（種類）／共感する
	25	協力してやりとげる	98	○	○	◎		協力する／仲間とやりとげる
	26	私とあなたの共通点	100			◎	○	個性の概念の理解／自分の特性を受容する
	27	仲間のことを知る	102			◎	○	仲間の特性を知る／仲間を受容する
	28	自分を表現する	104			◎	○	自己表現と自己受容
中学生	29	こんなときどうする？	106	◎	◎	◎	◎	問題解決スキル（問題理解／解決法／結果予測）
	30	大事な意見は？	110	○	○	○	◎	話し合い／理由を言う／優先すべき意見
	31	相手の気持ちになってみよう	114		◎	◎	○	相手に気を配る／他者の視点獲得／こころの理論
	32	こころを読めますか？	116		◎	◎	◎	相手の考えを推測する／こころの理論
	33	気持ちの温度計（共感する）	120		◎	◎		自分の感情の認知（程度）／共感する
	34	私のストレス対処法	124		◎		○	ストレスの概念を知る／ストレス対処法の習得
	35	これ常識？非常識？	130	◎	○	○		常識・非常識の弁別／柔軟な思考
	36	会話のマナー	132	○	○	○	◎	会話のマナー
	37	子どもプロデュース	136			◎	◎	話し合い／協力する／企画・実行
	38	上手にありがとう	138		◎	◎	◎	感謝の言葉かけ／肯定的な自己理解

◎最適　○適切

ゲーム番号	ソーシャルスキルの指導に使えるゲーム	ワークシート	掲示シート
1	あいさつどーんジャンケン	いろいろなめあて／ぼくの，わたしのめあて／私の目標 何て言う？	挨拶のポイント
2, 3, 4	変身ゲーム／まんまるリレー／フライングクイズ		
5, 6	落ちた落ちた／船長さんの命令		
7, 8	ジャンケンチャンピオン／どーんジャンケン		
9	サーキット競争	発表	声の大きさ／発表のしかた 話の聞き方
10, 11	友だちあつめ／名刺交換	友だちあつめ	
12, 13	1本でぬり絵／借り物競争		
14	ゲームのスタンプラリー		
15, 16	ペア探し／名刺交換でビンゴ		
17, 18, 19	顔と名前の神経衰弱／となりの〇〇さん／リズムネーム		
20, 21	協力ネームパス／名前フライングディスク		
22, 23	あったかチクチクおはじき／協力フリスビーボーリング	あったか・チクチク／あったか・チクチク弁別	
24, 25, 26	協力ボード渡し／協力ボール運び／新聞列車		
27, 28, 29	天使と悪魔のおにごっこ／電池人間／レスキュー新聞列車	いろんなきもち	表情シンボル／体と感情 みんなで決める
30	多数決バトル　じゃんけん編		
31, 32	レゴの伝達／リモコンおにごっこ	ソーシャルスキルってなあに？	レゴの伝達
33	いろんな利用法		提案しよう
34, 35	インタビューゲーム／他己紹介	相手の聴き方チェック	質問のポイント
36	感情ぴったんこクイズ	感情ぴったんこクイズ	
37, 38	協力ジェスチャーゲーム／協力ジェンガ		
39	共通点探し	同じところ・違うところ	
40, 41	WANTED!!この人，探しています／仲間〇×クイズ		
42	自分ポスターコンテスト	自分ポスター	
43	無人島SOS	私の困ったこと／こんなときどうする？（ワーク・掲示） 無人島SOS	無人島SOSルール表
44	ブラインドウォーク		
45	推理！ウソホントクイズ	相手の考えを推理してトラブル解決!!	
46	気持ちの温度計クイズ	気持ちの温度計クイズ ストレス発見／ストレスチェック 常識・非常識 マナー違反を探せ／お茶会ふりかえり 中学生プロデュース	気持ちの温度計 ストレス概念／対処法
47	同時で感謝ゲーム	感謝カード	

| 幼　児 | 小学校(低) | 小学校(中) | 小学校(高) | 中学生 |

No.1　めあてを決めよう　⑩分

> ソーシャルスキル指導を行うときに，重要になるのが，子どものやる気です。なぜ，指導グループに参加するのか，何をここで学ぶのか，子ども自身が肯定的に理解できており，保護者や指導者とその目標が共有されているときに，ソーシャルスキル指導が効果を発揮します。ここでは，保護者とともに，自分のめあてを考えてきてもらい，今後の指導につなげていきます。

【ねらい】・自分の課題について理解し，めあてを決める
　　　　　・ソーシャルスキルの指導への動機を高める

【準備物】「ぼくの，わたしのめあて」ワークシート／「いろいろなめあて」ワークシート

【指導の留意点】情緒の問題や仲間関係での不適応が大きい子どもは，自分の課題に向き合えないことがある。その場合は，始めからソーシャルスキルプログラムを組んで指導するのではなく，グループ指導のなかで肯定的な仲間関係を経験させ，友だちと仲良くやりたいといった親和動機を高めることから始める。低学年の場合は，事前に指導者と保護者が話し合って，いくつか具体的なめあてを用意し，「いろいろなめあて」ワークシートから，保護者といっしょに選ばせてもよい。

「いろいろな　めあて」ワークシート

```
　　　　　いろいろな　めあて
　　　　　　　月　日（なまえ　　　　　）

　したに　ある　めあて　から，じぶんの　めあてを
1つか　2つ　さがして　みよう。○を　つけてね。

・みんなと　なかよく　あそぶ
・まけても，さいごまで　ゲームを　する
・くやしい　とき，おこった　ときは　ことばで　せ
　んせいに　おしえる
・わからない　ときには，せんせいに　きく
・グループかつどうの　ときは　うるさく　しない
・しずかに　はなしを　きく
・じょうずに　しつもん　する
・ともだちに　ちょっかいを　ださない
・けんかを　しない
・じゅんばんを　まもる
・じょうずに　スピーチを　する
・そのた
　[　　　　　　　　　　　　　　　　　]
```

第Ⅱ章　実践プログラム／No.1　めあてを決めよう　35

「ぼくの，わたしのめあて」ワークシート（小学生低学年〜中学年用）

＜ぼくの，わたしの　めあて＞

　　　　　　　　　　　月　日（なまえ：　　　　　　　　　）

グループかつどうで，"がんばりたいこと" "じぶんの　めあて"を
おうちの　人と　はなしあって　たてましょう。

ぼくの／わたしの　めあて

［　　　　　　　　　　　　　　　　　　　　　　　　　　］

ぼくは，わたしは，この　めあてを　できるように，がんばります。

がんばるぞ!!　　じぶんのサイン　　保護者のサイン

「ぼくの，わたしのめあて」ワークシート（小学校高学年〜中学生用）

＜　私　の　目　標　＞

　　　　　　　　　　　月　日（氏名：　　　　　　　　　）

グループ活動で，"がんばりたいこと" "自分の目標"を
保護者と　話し合って　決めましょう。

自分の目標

［　　　　　　　　　　　　　　　　　　　　　　　　　　］

私は，この目標を達成できるように，努力します。

がんばるぞ!!　　自分のサイン　　保護者のサイン

集団行動　セルフ　仲間関係　コミュ

| 幼児 | 小学校(低) | 小学校(中) | 小学校(高) | 中学生 |

No.2　　　　　　　挨拶をする　　　　　　30分

　適切に挨拶をするための方法を学びます。人への関心が薄く，挨拶をする意識がない子どもたちに有効なプログラムです。普段何気なくしている挨拶のポイントを，具体的に整理することで，自分で意識しながら取り組めるようにしましょう。本プログラムだけでなく，日常生活のなかで練習していくようにするとよいでしょう。

【ねらい】・挨拶の意義，ポイントを知る
　　　　　・上手な挨拶を習得する

【ゲーム】あいさつどーんジャンケン

【準備物】「挨拶のポイント」掲示シート／「声の大きさ」掲示シート／「挨拶ふりかえり表」ワークシート／「何て言う？」ワークシート

【指導の留意点】低学年や高機能自閉症の場合，視覚的な手がかりを提示して，日常的に挨拶をするように促していく。また，定着するまでふりかえり表を作成し，毎回用いてもよいだろう。高学年の場合は，敬語や丁寧な言葉で言うこと，また，時，場所，相手に合わせた挨拶ができるように教えていく。PDDなどの子どもは人の視線が怖い場合があるので，"目を見る"のではなく，"相手のあご" "相手の口" などに注目させたり，"おへそを相手に向ける"ことを促したりする。

【関連プログラム】→話しかけるときは？　→名前で呼ぼう，返事しよう

ソーシャルスキルの指導に使えるゲーム１

あいさつどーんジャンケン

対象：低◎　中◎　高○
人数：4～10人　時間：10分

ねらい　挨拶をする

ルール　2チームに分かれ，チームごとにたて一列に並ぶ。スタートの合図で，各チーム1人ずつ床の線の上を歩いて進む。お互いが向かい合ったら，「どーん」と言って両手を合わせる。その後「こんにちは」と挨拶をしてじゃんけんをする。勝った人は前に進み，負けた人はどいて，次の人がスタートから歩いてくる。この繰り返しで，相手の陣地まで入ったチームの勝ち。（コースを平均台にしてもよい）。子どもが3つのポイントに沿って挨拶ができているか審判が○×で判断する。不適切な挨拶の場合は，じゃんけんの前に負けとなってしまう。

指導の展開

導入：今日のテーマについての説明
「○○君，おはようございますと大きな声で挨拶してくれたね。先生は，その挨拶を聞いてとても気分がよくなりました。今日は，上手な挨拶を勉強します。」

スキルの教示：挨拶の3つのポイントを提示し，指導者がモデル提示する
「挨拶ポイント」提示シートを用いて，3つのポイント"相手を見る""ちょうどよい声で""おじぎする"を教える。"ちょうどいい声で"ポイントでは，「声の大きさ」掲示シートを使う。

リハーサル：ロールプレイングで練習する
「みなさん，この3つに気をつけて挨拶を練習しますよ。」先生に○がもらえるまで丁寧に練習する。

ゲームでの実践：あいさつどーんジャンケンで挨拶を練習する
「ではゲームで練習するよ。じょうずな挨拶ができるかな？ 3つのポイントを守れるかな？」

フィードバック：ゲーム中，終了後に子どもの行動を評価
子どもたちには，ゲームの勝ち負けよりも，挨拶の3つのポイントがうまくできているかどうかに注目させる。ゲーム中に挨拶がうまくできていない子どもには，再度挨拶をさせる。

般化：日常的に指導する
日常的に挨拶について指導していく。また，保護者や在籍の学校などでも挨拶ができるように，保護者や担任の先生と連携をとる。定着化のため，「何て言う？」ワークシートでリハーサルを行ってもよい。

「挨拶ふりかえり表」ワークシート

ふりかえり ひょう【あいさつできたかな？】　　おかだ　かつみ　くん

😊・・・自分からできた　　😮・・・言われてからできた　　なし・・・できなかった

	4/20	4/27	5/11	5/18	5/25	6/1	6/8
せんせいに	😊	😮	😊	😊			
ともだちに		😮		😮			

「挨拶のポイント」掲示シート

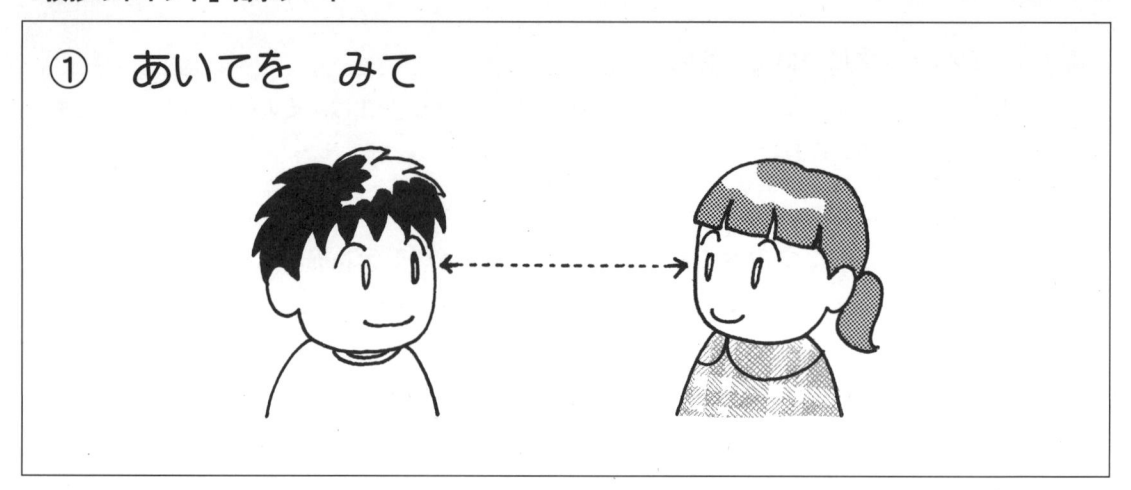

① あいてを みて

「声の大きさ」掲示シート

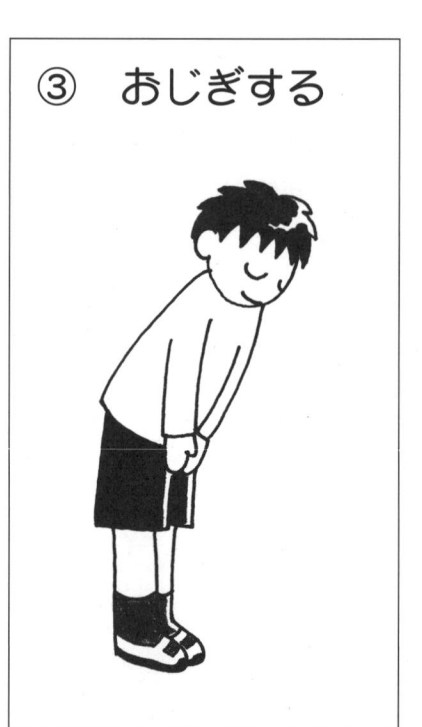

② ちょうど よい こえで

こんにちは

でのこえ こうてい
のこえ はっぴょう
となりでおしゃべり のこえ
ひそひそ のこえ
しゃべらない

0　1　2　3　4

③ おじぎする

「何て言う？」ワークシート

こんなとき　なんていう？
　　　　　月　　日　（なまえ　　　　　　　　　　　）

あさ，ともだちに　あったとき	おひるに　せんせいに　あったとき
ともだちが　えんぴつを　かしてくれたとき	ともだちと　ぶつかってしまったとき
ともだちが，ころんでしまったとき	ともだちの　けしごむを　つかいたいとき

集団行動　セルフ　仲間関係　コミュ

| 幼児 | 小学校(低) | 小学校(中) | 小学校(高) | 中学生 |

No.3　見る修行　15分

「きちんと見る」ことは，授業や集団活動で必要な基本的な学習態勢の1つです。「相手に体や顔を向ける」という行動面と「注目する・意識を向ける」という認知面の2つができるようになることがポイントです。他者への意識が薄い子どもや気が散りやすい子どもに特に必要なスキルです。「見る修行」では「よく見て!!」と言葉で伝えるだけでなく，体で覚えられるように体験を通して見る「コツ」を育てます。

【ねらい】・他者の方に体や顔を向ける
　　　　　・他者の様子，動きに適切に注目する

【ゲーム】変身ゲーム／まんまるリレー／フライングクイズ／「うすのろ」など，順番が関係するトランプゲーム

【準備物】ゲームで使用するもの

【指導の留意点】子どもの能力の水準や年齢に合わせて，指導する側の要求水準を変える。ここで行うゲームは，指導のウォーミングアップとしても用いることができる。

【関連プログラム】⇔聞く修行　→話を聞くときは？

指導の展開

───────────────────────────────
導入とスキルの教示：ゲームの説明と「相手を見る」スキルの教示

「授業中や話を聞くときは，お話している人を見ることが大切だよね。今日は，見ることが上手になるように『見る修行』をします。」変身ゲーム・まんまるリレー・フライングクイズなどのゲームのどれか1つのルールを説明する。「このゲームが上手にできるポイントは，友だちの様子や動きを注意して『よく見る』ことです。」掲示シートを用いたり，指導者のモデリングを通して教えていく。
───────────────────────────────

⇩

───────────────────────────────
ゲームでの実践：見る修行「相手をよく見る」ゲームを行う

変身ゲーム・まんまるリレー・フライングクイズ，「うすのろ」等のカードゲームを1つ行う。ゲーム中，どこを見ればよいのか具体的に伝え，よく見ることで，違いや動きに気づくことができたら評価する。
───────────────────────────────

⇩

───────────────────────────────
フィードバックと般化：ゲーム中・日常場面で子どもの行動を評価する

授業中など，その都度，話している人を見るように促し，よく見ることができていたら評価する。クラスの約束として，黒板に掲示しておいてもよい。
中学年以降になれば，「今，誰がしゃべっているかな？」「どこを見ているのかな？」と自分でどこに注目すればよいか気づかせていく。
───────────────────────────────

ソーシャルスキルの指導に使えるゲーム2

変身ゲーム	対象：幼◎ 低◎ 中◎ 高○
	人数：6〜10人　時間：10分
ねらい	相手をよく見る／変化に気づく／視覚的記憶
ルール	いくつかのチームに分かれる。チームごとに，他チームに見えない場所で変身する。見ているチームは変身前と変身後の様子を見比べて，どこが違うかを当てる。変身の例（ぼうし，時計などを身につける／くつを反対に履く／名札を代える等）。

ソーシャルスキルの指導に使えるゲーム3

まんまるリレー	対象：幼◎ 低◎ 中◎ 高◎ 中学◎
	人数：4〜10人　時間：5〜10分
ねらい	相手をよく見る／動きを合わせる／ボディーイメージを高める／楽しむ
ルール	みんなで輪になる。1人リーダーを決め，リーダーの動きをとなりの人が順番にまねする。次々とまねしてリーダーの所に動きが戻ってきたら終わり。動きを複雑にしたり，動きが一周する時間を計り，記録をねらうと楽しい。動きの例（拍手／回る／ジャンプ／手を握る／サルの真似／全員で手をつないでフラフープを回す等）

ソーシャルスキルの指導に使えるゲーム4

フライングクイズ	対象：幼◎ 低◎ 中◎ 高◎ 中学◎
	人数：2〜20人　時間：10〜30分
ねらい	よく見る／注意集中／視覚運動
ルール	ついたてを2枚用意し，始めと終わりが見えないように隠しながら，ボール・ぼうし等を投げる。子どもたちは飛んでいるところだけを見て，それが何か当てる。予告なしに飛ばすなどして，集中するように促す。

| 幼児 | 小学校(低) | 小学校(中) | **小学校(高)** | 中学生 |

No.4　聞く修行　　5〜15分

> 　話している人に注意を向け，きちんと聞くことは，授業や集団活動で必要な基本的な学習態勢の1つです。ＰＤＤなどの子どもは，人の気持ちを考えたり，大事なことに焦点を当てて聞くことが難しかったりします。また，ＡＤＨＤの子どもは，気が散りやすく，集中の持続も短いために，きちんと聞けないことがあります。ここでは，ゲームを通して楽しみながら話を聞く練習をしていきます。そして，先生の話や友だちの発表などをきちんと聞く習慣をつけていきます。

【ねらい】・話している人に注意を向ける
　　　　　・話している内容を聞き取る

【ゲーム】落ちた落ちた／船長さんの命令　など

【指導の留意点】最初は内容を聞き取ることよりも，より話し手に注目する練習から始めるとよい。指導者が声の大きさや話すテンポを変えると，メリハリがついて「聞く」ことのよい練習になる。また，ゲームでは最初は話し始める前に「始めるよ」「よく聞いて」などと注意を促すとよいが，慣れてきたら静かな声で言ったり，予告なしに言ったりして，いつでも注意して聞けるように促していく。

【関連プログラム】⇔見る修行　→あっ，フライング!!　→話を聞くときは？

指導の展開

導入とスキルの教示：ゲームの説明と「話を聞く」スキルの教示
「先生やお友だちの話をよーく聞くのはとても大事です。今日は上手に人の話を聞けるように『聞く修行』をします。きちんと聞いているとクリアできるゲームだからよーく聞いてくださいね。」
子どもたちにしっかり聞くように促す。

⇩

ゲームでの実践とフィードバック：聞く修行に関するゲームで練習する
「落ちた落ちた」「船長さんの命令」などのゲームをどれか1つ行う。
ゲーム終了後，子どもたちがきちんと聞いていたことを肯定的に評価する。「みんなが先生の方を向いて聞いているのがよくわかりました。」など，具体的に。

⇩

般化："きちんと聞く"習慣をつける
日頃の指導で，「後でクイズを出すからよく聞いていてね。」「最後まで聞いてから，質問してね。」と最後まで聞くように促していく。きちんと聞いている子どもをみんなの前で評価し，適切なモデルに注目させる。

ソーシャルスキルの指導に使えるゲーム5

落ちた落ちた	対象：幼◎　低◎　中○
	人数：2〜10人　時間：5〜10分

ねらい　指導者の指示をよく聞く

ルール　最初に4つの言葉について，決められたジェスチャーを子どもたちに説明する（げんこつ→頭を隠す，りんご→手を前に出す，かみなり→おへそを隠す，おかし→上を向いて口をあける）。ゲームは指導者が最初に「落ちた落ちた」と始め，子どもたちが「何が落ちた？」とみんなで返事をする。次に，指導者はあらかじめ決めておいた言葉のなかから1つを選んで言い，子どもたちはそれに合わせたジェスチャーをする。慣れてきたら，ジェスチャーを増やしていくと年齢が高くても楽しめる。

ソーシャルスキルの指導に使えるゲーム6

船長さんの命令	対象：幼◎　低◎　中◎　高○　中学○
	人数：2〜8人　時間：10分

ねらい　注意深く聞く／自分をコントロールする／身体感覚を高める

ルール　「船長さん」の他に，似た言葉で始まる言葉をいくつか用意する（村長さん，店長さんなど）。子どもたちは，「船長さんの命令です」で始まる命令だけに従い，「船長さんの命令です」を言っていない命令や船長以外の命令には従わないようにする。命令の内容は「立ってください」「右手をあげてください」など，簡単なものでよい。

応用としては，高学年以降では，「船長さんの命令です」ではなく，単に「命令」という命令の合図にしてもよい。また，偽船長さんも設定し，従ってはいけない命令を出してもらってもよい。

| 幼児 | 小学校(低) | 小学校(中) | **小学校(高)** | 中学生 |

No.5　負けても平気　⏰15分

> 幼児や低学年の子どもには，ゲーム中，自分の思いどおりにならなかったり，負けたときにパニックになることがよくあります。勝ち負けにこだわるあまり，仲間と楽しく遊べなくなってしまいます。そこで勝敗のあるゲームを繰り返し経験することを通して，勝つことも負けることもあるという見通しや，パニックでなく言葉でくやしさを表現する方法を学び，負けることへの耐性をつけていきます。

【ねらい】・勝ち負けの見通しをもつ
　　　　　・くやしさを言葉で表現する

【ゲーム】ジャンケンチャンピオン／どーんジャンケン／カードゲーム（トランプゲーム，ウノ等）／その他勝敗のある運動ゲーム（風船バレー，ドッジボール，玉入れ等）

【準備物】「表情シンボル」掲示シート（p79）／「ふりかえり」ワークシート（資料2）

【指導の留意点】負けた子に対しては，指導者は「負けちゃってくやしいね」などと子どもの気持ちを言語化していく。気持ちが高ぶってきたときにすぐに気持ちを反射してあげると，自分の気持ちを自覚してコントロールすることにもつながる。始めは勝敗の負荷が低いゲームから行っていくとよいであろう（負けた人が勝つことにする"負けるが勝ちジャンケン"などを始めのほうに導入してもよい）。パニックでゲームに参加できなくなった場合にはタイムアウトを活用する。

【関連プログラム】→いろんな気持ち

指導の展開

> **導入：今日のゲームについての説明**
> 「今日はゲームをします。ゲームだからみんなが勝ったり負けたりするよね。負けたらくやしいけど，最後までみんなで楽しくゲームをしましょう。」「いろんな気持ち」掲示シートを用いて，負けたときにどのような気持ちになるか，子どもたちに予想させてもよい。その際には，「くやしい」「怒る」だけではなく，負けてもみんなと遊べて「楽しい」気持ちも起こることを教示しておく。

⇩

> **ゲームでの実践：ジャンケンチャンピオン**
> ゲームの説明をして始める。子どもが勝ったり負けたりして気持ちが高ぶっているときに，指導者はすかさず「やったね！」「負けちゃってくやしかったね」「イライラしちゃうね」などと共感的に声をかける。

⇩

> **フィードバック：ワークシートで気持ちをふりかえる**
> ゲーム終了後，負けても泣いたり怒ったりしないで言葉で言えたこと，最後まで楽しく参加できたことを評価する。黒板に感情語と表情シンボルの掲示シートを掲示し，勝ち負けの際の気持ちを確認する。「ふりかえり」ワークシートを配布し，記入しながら1人1人どんな気持ちになったのかをふりかえらせる。

第Ⅱ章　実践プログラム／No.5　負けても平気　45

ソーシャルスキルの指導に使えるゲーム7

ジャンケンチャンピオン	対象：幼◎　低◎　中○
	人数：3〜10人　時間：5分

ねらい　勝敗を繰り返し経験する

ルール　全員でジャンケンをし，一番強いチャンピオンを決めて表彰する。一度だけではなく，毎回の指導に決まって取り入れるとよい。一対一でトーナメント方式，勝ち抜け方式（前にいる先生に勝った人だけ残る），多い勝ち（同じ手を出した人が多いほうが残る），体を使ったジャンケン，負けるが勝ちジャンケン等，工夫する。幼児や低学年の場合，上手(うま)くグーチョキパーを作れなかったり，出すタイミングがずれる場合がある。そのときには，手の形が描かれたカードを使ってもよい。また，ジャンケンの強さの理解ができない子どもには，グー「石」，チョキ「はさみ」，パー「紙」といった絵がついたカードを用意して，理解させる。

ソーシャルスキルの指導に使えるゲーム8

どーんジャンケン	対象：幼◎　低◎　中◎　高○
	人数：3〜10人　時間：10分

ねらい　勝敗を繰り返し経験する

ルール　2チームに分かれチームごとに，たて一列に並ぶ。スタートの合図で，各チーム1人ずつ，床の線の上を歩いて進む。お互いが向かい合ったら，「どーん」と言って，両手を合わせる。その後ジャンケンをする。勝った人は，前に進み，負けた人はどいて，次の人がスタートから歩いてくる。この繰り返しで，相手の陣地まで入ったチームの勝ち（コースを平均台にしてもよい）。

集団行動　セルフ　仲間関係　コミュ

| 幼児 | 小学校(低) | 小学校(中) | 小学校(高) | 中学生 |

No.6　あっ，フライング！！　⏰20分

　ＡＤＨＤに限らず，衝動的な行動は軽度発達障害の子どもによく見られるものです。衝動性をコントロールするには，子ども自身がどんなときに衝動的に振る舞ってしまうかを知る必要があります。しかし，周りがあまり頻繁に衝動的な行動を指摘すると，子どもが自信を失ってしまうことも多く，指導が難しい分野の１つです。ここでは，具体的な行動を通して子どもが"**フライング**"という概念を身につけて，日常生活のさまざまな場面で意識的に自分をコントロールできることを目標としています。

【ねらい】・フライングの概念を知る
　　　　　・衝動的な行動をコントロールする

【ゲーム】サーキット競争／カルタや193（一九さん）などお手つきのあるカードゲーム

【準備物】ゲームで使用するもの

【指導の留意点】"フライング"という言葉がわかりにくい子どもがいるので，まずはかけっこでのフライングなど，シンプルで具体的な例を出して説明していく。特に低学年の場合，目に見える行動（線を越えた，枠からはみ出た等）で自分の行動を意識できることが大切。衝動性の高い子どもには，すぐにフライングに気づくことができるように即時にフィードバックする。

【関連プログラム】←見る修行　←聞く修行　→名前で呼ぼう，返事をしよう

指導の展開

```
┌─────────────────────────────────────────────────────────┐
│ 導入：「フライング」の説明                                │
│ 「よーい，ドン！ をするとき，ドン！の前にスタートしてしまうことをフライングと言います。│
│ 今日はフライングに気をつけてゲームをします。」          │
└─────────────────────────────────────────────────────────┘
                              ↓
┌─────────────────────────────────────────────────────────┐
│ スキルの教示：「フライング」モデリング場面を用いて教示する│
│ かけっこなどを例にフライング場面を先生がモデルを示して，"フライング"の意味を教えていく。│
└─────────────────────────────────────────────────────────┘
                              ↓
┌─────────────────────────────────────────────────────────┐
│ ゲームでの実践：サーキット競争で練習                      │
│ ルールを説明し，"サーキット競争"を行う。フライングをしたら出発点まで戻ってやり直す。この際，│
│ 責めるような雰囲気にならないことを心がける。              │
└─────────────────────────────────────────────────────────┘
                              ↓
┌─────────────────────────────────────────────────────────┐
│ フィードバック：ゲーム中，終了後に子どもの行動を評価      │
│ フライングをしない子どもがいたら，その都度指導者が肯定的に評価する。またゲームの終了後に│
│ は，勝ち負けよりフライングの回数が少なかったことを特に取り上げ評価する。│
└─────────────────────────────────────────────────────────┘
                              ↓
┌─────────────────────────────────────────────────────────┐
│ 般化：今後の指導・家庭での配慮につなげていく              │
│ 日常的に指導者が子どもたちに質問をする場面で，先生が話し終わる前に出しぬけに答えたり，動│
│ いたりすることも"フライング"とするなど，"フライング"の定義を広げて，衝動性のコントロー│
│ ルを指導する。また，家や学校でも，衝動的な行為に対して怒るよりも，"フライング"をキーワー│
│ ドにして，その都度，声をかけてもらう。                    │
└─────────────────────────────────────────────────────────┘
```

ソーシャルスキルの指導に使えるゲーム 9

サーキット競争	対象：幼◎ 低◎ 中◎ 高○ 人数：4～8人　時間：10分
ねらい　衝動性のコントロール／粗大運動／楽しむ	
ルール　ビニールテープで作ったコースの上にいくつかの種目を設置し，リレーを行う。バトンを渡す形式ではなく，前の子がゴールしたら次の子がスタートする形式にする。種目は何でもよいが，新聞紙を切り抜いた輪をくぐるなど，慎重に行う必要があるものはセルフコントロール力を高めるのに有効。	

| 幼　児 | 小学校(低) | 小学校(中) | 小学校(高) | 中学生 |

No.7　発表をするときは？　🕙～❷⓿分

集団の前で発表するときのスキルを学びます。発表するスキルは，声の大きさや姿勢，言葉での表現などさまざまなスキルが必要とされます。ＬＤの子どもは言葉で表現すること，ＡＤＨＤは姿勢の維持やまとめて話すこと，ＰＤＤは声の大きさや話すタイミングなどさまざまなつまずきを見せます。教室場面でしばしば必要となる基礎的なスキルの１つですので，低学年のうちに身につけられるようにしましょう。

【ねらい】・適切な声の大きさを学ぶ
　　　　　・発表するときの姿勢を学ぶ
　　　　　・まとめてから話す

【準備物】「声の大きさ」掲示シート／「発表のしかた」掲示シート／等身大足跡シートまたはビニールテープなど（発表者の立ち位置に印をつける）／「発表」ワークシート

【指導の留意点】特に低学年の場合は，年間計画のなかに取り入れて継続的に行い，定着化をねらうことが望ましい。例えば，朝の会で発表の時間をとるなど。「よい姿勢」掲示シートや「発表のしかた」掲示シートは，最初のうち発表中ずっと掲示しておくが，徐々に最初に確認してすぐしまう，口頭で確認するだけにする，というふうに手がかりを減らしていくとよい。言語表現や緊張が強い子どもの場合は，発表の内容はあらかじめワークシートに記入して準備を丁寧にすると，抵抗感が少なく発表できる。ワークシートに記入することを宿題にしてもよい。なお，発表のテーマは，「好きな食べ物・嫌いな食べ物」「好きな勉強・嫌いな勉強」「お勧めのお菓子やテレビ番組」「夏休みの思い出」「最近あった出来事」「身近なニュース」「家族のこと」「自分の宝物」など年齢や興味関心に合わせて設定する。

【関連プログラム】→話を聞くときは？　→わかりやすく伝えよう

☆幼児や低学年児童には 立ち位置を明示すると良い ☆

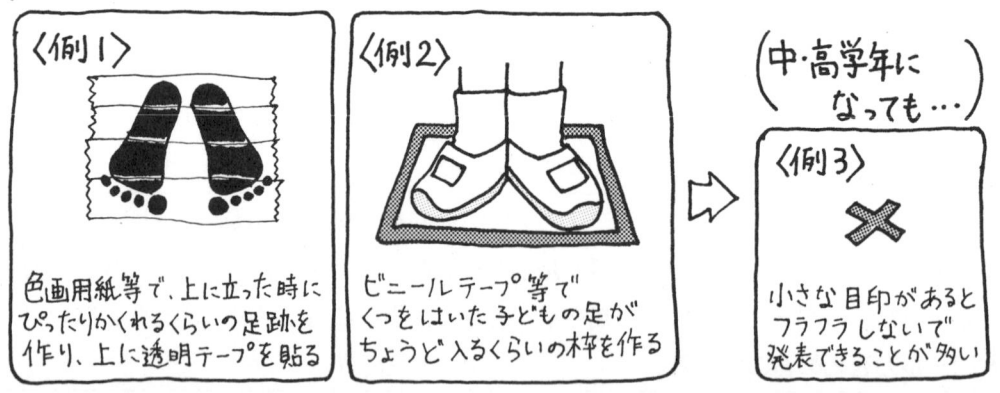

〈例１〉
色画用紙等で、上に立った時にぴったりかくれるくらいの足跡を作り、上に透明テープを貼る

〈例２〉
ビニールテープ等でくつをはいた子どもの足がちょうど入るくらいの枠を作る

(中・高学年になっても…)
〈例３〉
×
小さな目印があるとフラフラしないで発表できることが多い

指導の展開

導入：今日のテーマについての説明
「今日から始まりの会では、みんなに順番に発表をしてもらいます。まず始めに、A先生とB先生にやってもらいますから、みなさんはどちらが上手か考えながら、見ていてください。」

モデリング：適切な発表・不適切な発表の提示
まずは、不適切な例を見せる。A先生「私の好きな食べ物はイチゴです。なぜ好きなのかというと……」（小声で、下を向き、ふらふら立ち歩きながら言う。）
次に、適切な例。B先生：「私の好きな食べ物はコロッケです。カリッとしていて……」（大きな声で、まっすぐ前を向いて立って言う）。子どもたちがB先生の方が上手と感じられるように演じる。

スキルの教示：発表のポイントを明確にして教える
「A先生とB先生はどっちの方が上手に発表できたかな？」「A先生はどんなところに気をつけて発表したらよかったかな？」子どもたちの意見を取り入れながら"よい姿勢で""大きな声で""わかりやすく"発表するように、掲示シートを用いながら説明する。子どもたちの意見が出ない場合は、再度、A先生とB先生のモデルを見せてもよい。

実践とフィードバック：実際に発表させ、終了後に子どもの行動を評価
「それではみんなにも、順番で発表してもらいましょう。」"好きな食べ物・嫌いな食べ物"等1人ずつ、簡単な発表をしてもらう。わかりやすく発表するために、事前に"「発表」ワークシート"でまとめておいてもよい。発表後は、ねらいの3点についてフィードバックする。幼児や低学年の場合は、全員が発表すると時間がかかり、集中が続かないので、発表者の人数を調整する。

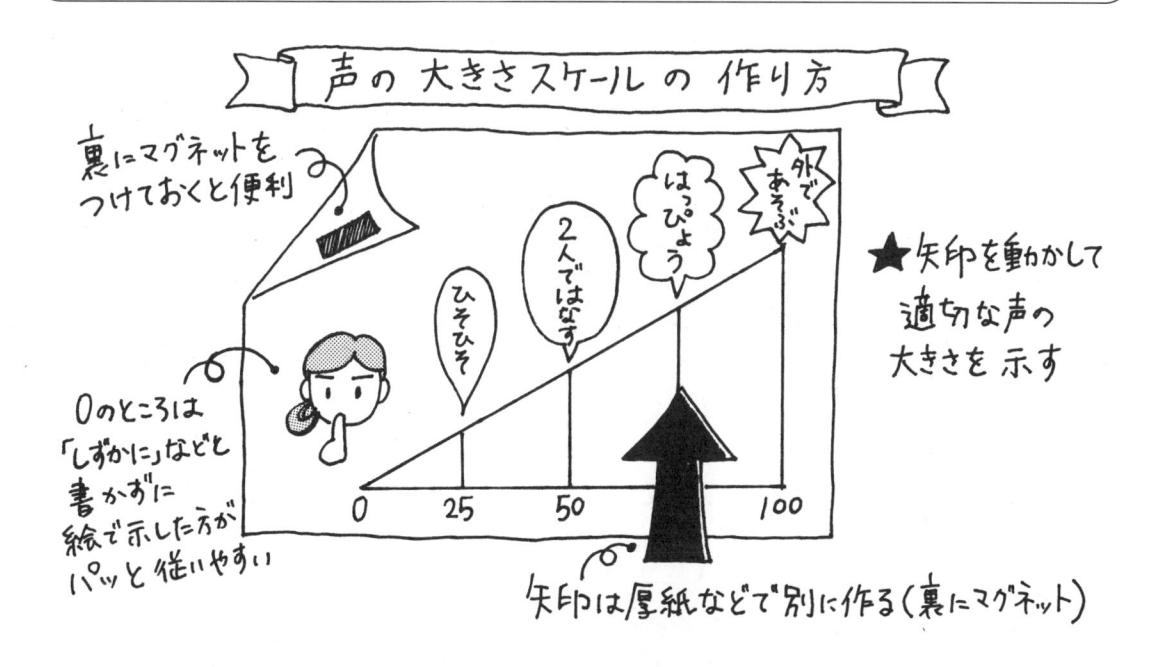

声の大きさスケールの作り方

裏にマグネットをつけておくと便利

0のところは「しずかに」などと書かずに絵で示した方がパッと従いやすい

ひそひそ / 2人ではなす / はっぴょう / 外であそぶ

0　25　50　100

★矢印を動かして適切な声の大きさを示す

矢印は厚紙などで別に作る（裏にマグネット）

「発表のしかた」掲示シート

いつ　どこで　だれが　だれと　なにをした

ぼくは…

それから…

★ よい しせいで まえを むいて たつ
★ 大きな こえで
★ わかり やすく

「発表」ワークシート

★☆　発表メモ　☆★　　　なまえ

ぼく／わたし　の　すきな　たべものは，

どうしてかと　いうと，

★☆１分間スピーチ☆★　　　なまえ

だれが？

だれと？

いつ？

どこで？

なにをした？

どうおもった？

集団行動
セルフ
仲間関係
コミュ

| 幼児 | 小学校(低) | 小学校(中) | 小学校(高) | 中学生 |

No.8　話を聞くときは？　10分

"静かにする""話している人を見る""よい姿勢で聞く"といったように集団のなかで話を聞くときのポイントを具体的に示し，話の聞き方について指導していきます。このスキルは，就学前や小学校の早い時期に獲得すべき基本な学習態度の1つです。機会があるごとに，話を聞くポイントを提示し，集団行動の基礎を身につけていくことが大切です。

【ねらい】・話を聞くときのポイントを知る
　　　　　（静かにする，話している人を見る／よい姿勢で聞く）
【準備物】「話の聞き方」掲示シート／声の大きさスケール（p38）
【指導の留意点】絵を用いた「話の聞き方」掲示シートで，一目でわかるようにする。運動面の困難がある子どもは，よい姿勢をつくることや維持することが難しいので，その子どもの発達レベルに合わせて，指導者の要求水準を調整する。
【関連プログラム】←聞く修行　←見る修行　←発表するときは？

「話の聞き方」掲示シート

```
きくしせい
①はなしている人(ひと)をみる
②しずかに！
　・くちを とじる
　・ガタガタ させない
③よいしせい
　・せなかを まっすぐ
　・ては ひざ
　・あしを ゆかに つける
```

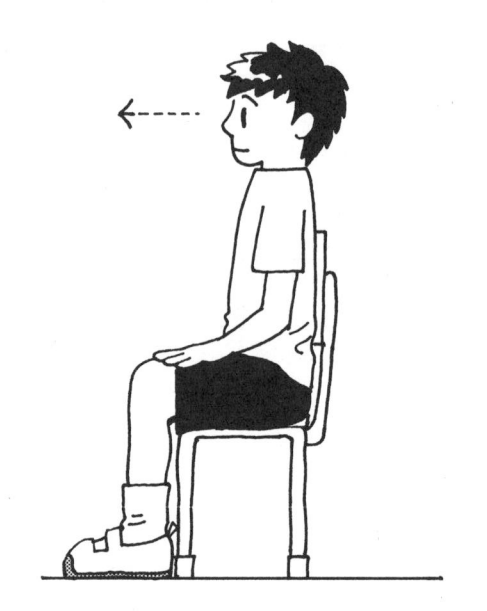

指導の展開

導入：今日のテーマについての説明

「今日は教室での上手な話の聞き方を勉強します。学校で先生の話を聞いていないと困ってしまいます。話を聞くことはとても大切なことですね。それに，人の話を上手に聞けると相手もうれしく思ってくれます。では，どんなことに気をつけたらいいのでしょう。」

⇩

スキルの教示：話を聞くときのポイントの提示

「話を聞くときのポイントは３つ（提示するポイントに応じて）あります。それは"静かにする""話している人を見る""よい姿勢"です。」「話の聞き方」掲示シートを黒板に貼り，説明をする。

⇩

モデリング：不適切なモデルと適切なモデルの提示

「先生が話の聞き方をやってみますので見てください。」
場面①："静かにする"ができていない悪いモデルの提示
場面②：静かにはしているが"話している人を見る"ができていない悪いモデルの提示
場面③：静かにして相手を見ているが"よい姿勢"ができていない悪いモデルの提示
　それぞれの場面で何がよくなかったかを子どもたちに聞いてみる。
「どれか１つだけではなくて，３つともポイントができていないとかっこ悪いね。最後に上手な話の聞き方を見てみましょう。」上手なモデルを提示する。

⇩

リハーサルとフィードバック：子どもにもモデルを体験させる

「その場でみんなにも上手な聞き方をやってみてもらいましょう。」
子どもの発表や先生がするゲームの説明などのときに，子どもにも３つのポイント守った聞き方をするように促す。３つのポイントを子どもの体を実際に指摘したり，動かしたりしながら，具体的に（身体的に）指導する。できているときには，即時に肯定的に評価していく。

　　"静かにする"：「口を閉じる」「椅子や机をガタガタさせない」
　　"話している人を見る"：「その人におへそを向ける」「その人の顔を見る」
　　"よい姿勢"：「足を床につける」「背筋を伸ばす」「手はひざの上」

⇩

般化：今後の指導につなげていく

掲示シートを用いながら，日頃の活動のなかでも継続的に指導していく。

| 幼　児 | 小学校(低) | 小学校(中) | 小学校(高) | 中学生 |

No.9　話しかけるときは？　⑳分

友だちあつめや名刺交換といったゲームを行います。ゲームをする前に"近づく""見る""ちょうどよい声の大きさ"といったことを具体的に示しながら，人に話しかけるときのスキルを教えていきます。このスキルは「自己紹介」や「ことわって借りる」などのスキルの前提になるものです。

【ねらい】・話しかけるときに相手に近づく
　　　　　・相手を見る
　　　　　・適切な声の大きさで話しかける

【ゲーム】友だちあつめ／名刺交換

【準備物】「挨拶のポイント」掲示シート（p.38）／「声の大きさ」掲示シート（p.38）／「友だちあつめ」ワークシート／名刺交換の名刺

【指導の留意点】人との距離感がつかみにくい子どもには，近づいて話しかけるのにちょうどよい距離を具体的に示す（例：片手をあげてぶつからない距離，50cmなど）。「声の大きさ」掲示シートを使って，何パターンかの例示をしながら状況に応じた声の大きさがあることを教える。小学校中学年では，「相手がしゃべり終わったら話しかける」といったように，話しかけるときのタイミングも教えて行ってもよい。

【関連プログラム】←挨拶をする　→自己紹介をしよう　→ものを借りるときは？

ソーシャルスキルの指導に使えるゲーム10

| 友だちあつめ | 対象：幼〇　低◎　中◎　高〇
人数：3人以上　時間：10分 |

ねらい　相手に近づく／顔を見る／ちょうどよい声の大きさ

ルール　教室内を自由に歩き，出会った人に話しかけて，お互いのワークシートにサインと自分の顔を記入する。全員のサインを集めたら終了。バリエーションとして，出会った人とジャンケンをして負けた人がサインをするなどの条件をつけてもよい。書字障害や幼児の場合は，名前を書く代わりに，あらかじめ名前シールを用意し，貼るだけにする。

指導の展開

導入：今日のテーマについての説明

「自分の話は相手によく聞いてもらいたいですよね。誰かに話しかけるとき，相手によく聞いてもらうためには，どうすればいいでしょう。今日は上手な話しかけ方を勉強します。」

⇩

スキルの教示：話しかけるときのポイントの提示

「話しかけるときのポイントは３つあります。それは"近づく""見る""ちょうどよい声の大きさ"です。」

・ポイントの提示シートを黒板に貼る。（p.38の掲示シート参照）

⇩

モデリング：適切なモデルと不適切なモデルの提示

「３つのポイントができていないと，どんなふうになるのでしょう。先生を見てください。」
　ポイントができていない不適切なモデルを提示して見せる。

場面①："近づく"ができていない不適切なモデル

場面②：近づいてはいるが，"見る"ができていない不適切なモデル

場面③：近づき，相手を見ているが，"ちょうどよい大きさの声"ができていない不適切なモデル
　それぞれの場面で子どもたちの意見を聞く。

「３つともできていないと相手に話が伝わりません。最後に上手な話しかけ方を見てみましょう。」
　３つのポイントをできた上手なモデルを見せる。

⇩

ロールプレイングとゲームでの実践："友だちあつめ"ゲームを行う

「では，これから『友だちあつめ』というゲームをやりましょう。クラスの人のサインを集めていくゲームです。サインをお願いするときには，その人に話しかけて『サインをここに書いてください』とお願いします。まずは話しかけ方のポイントを思い出して話しかける練習をしてみましょう。」

１人ずつ話しかけるロールプレイングをし，できているところを評価する。

「友だちあつめ」ワークシートを配布し，ゲームを実施する。ゲーム中は，楽しい雰囲気を崩さない程度に，３つのポイントについて子どもたちにプロンプトやフィードバックを行う。

⇩

般化：今後の指導につなげていく

自己紹介をしよう，ことわってから借りる，仲間に入るときはなど，さまざまなスキルの基礎となるので，必要に応じて，その都度，事前に教示していくとよい。また，日常的に，機会を見つけて，プロンプトとフィードバックを丁寧にしていく。

「友だちあつめ」ワークシート

ともだちあつめカード

なまえ（　　　　　　　）

ともだちの　サインを　あつめよう
かおも　かいて　もらおう

ソーシャルスキルの指導に使えるゲーム11

名刺交換	対象：幼◎　低◎　中○　高△　中学△
	人数：3人以上　時間：10分

ねらい　相手に近づく／顔を見る／ちょうどよい声の大きさ

ルール　教室内を自由に歩き，出会った人に話しかけ，お互いに名刺を交換し挨拶をする。小さい顔写真を貼り付けて名刺をつくってもよい。「名刺交換でビンゴ」（p.63）形式にしてもよい。

どうぞよろしく

こちらこそよろしく

名刺交換の名刺

なまえ　　　　　　　　かお	なまえ　　　　　　　　かお
わいえむ あすか	
なまえ　　　　　　　　かお	なまえ　　　　　　　　かお
なまえ　　　　　　　　かお	なまえ　　　　　　　　かお

集団行動　セルフ　仲間関係　コミュ

| 幼児 | 小学校(低) | 小学校(中) | 小学校(高) | 中学生 |

No.10　ものを借りるときは？　30分

　学校では，消しゴムや鉛筆，はさみなど文具の貸し借りは子ども同士でよく行われます。ただ，対人関係が不器用な子どもは，ものをことわらずに借りてしまい，取られた，勝手に使ったなどと非難されるトラブルが多く見られます。学級の人間関係を円滑にし，助け助けられるといった良好な関係を築いていくために，"ことわってから借りる"ことは大事になります。ここでは，ゲームを通して指導していきますが，普段の場面で繰り返し使い，習慣として身につくようにするとよいでしょう。

【ねらい】・「かして」と言う
　　　　　・相手の了解を得る
　　　　　・借りたら「ありがとう」と言う

【ゲーム】1本でぬり絵／借り物競争

【準備物】「借りるとき」掲示シート

【指導の留意点】応用では，借りたいときの言葉のバリエーション（「終わったらかして」など）を増やしていく。また，ことわられたときどうするかも，指導していくとよい。

【関連プログラム】←話かけるときは？　←あっ，フライング!!　→助けて，ヘルプミー!!

ソーシャルスキルの指導に使えるゲーム12

| 1本でぬり絵 | 対象：幼◎　低◎　中◎　高○
人数：4～8人　時間：15分 |

ねらい　ことわってから借りる／了解を得る／ありがとうを言う

ルール　ぬり絵を人数分，用意する。1人，1本ずつばらばらの色の色鉛筆（クレヨン）を配る。色鉛筆の貸し借りをしながら，各自でぬり絵を完成させる。応用として，グループで工作をするときに，マジック，はさみ，のり，テープなどを人数よりも少なく用意し，使いたいときには「かして」と言うようにしていく。

指導の展開

モデリング：「忘れ物をして困っている場面」の提示

「みんなときどき鉛筆を忘れてノートに書けないときがあるよね!? そういうときはどうするかな？」
「今からみんなにＡ先生の様子を見てもらいます。鉛筆を忘れてノートに書けなくて困っているようです。」忘れ物をした場面で、①困っているが言い出せない ②ＯＫをもらわない ③借りたのに「ありがとう」と言わない、のそれぞれについて場面を見せる。それぞれ、何がいけなかったか、どうすればよかったか、子どもに意見を求める。

⇩

スキルの教示：ものを借りるときのポイントを伝える

子どもの意見を参考にし、"「かして」と言う""了解を得る""ありがとうを言う"の３つのポイントを教示する。幼児や低学年の場合は、"了解を得る"を具体的に"「いいよ」"と置き換える。

⇩

リハーサル：ロールプレイングで"ものを借りるとき"を練習をする

「では、みんなにも実際にやってもらいましょう。」
１人ずつ、先生相手にロールプレイングをする。３つのポイントに沿ってフィードバックする。

⇩

ゲームでの実践と定着化：１本でぬり絵（借り物競争）と日常での指導

ゲーム（１本でぬり絵・借り物競争）のなかでスキルを実践していく。
日頃から、子どもが筆記用具や遊び道具などを借りに来たときに、"「かして」と言う""了解を得る""ありがとうを言う"の３つのポイントができるように、機会を見つけて指導していく。

ソーシャルスキルの指導に使えるゲーム13

借り物競争	対象：幼◎ 低◎ 中◎ 高○ 人数：４〜８人　時間：15分
ねらい	ことわってから借りる／了解を得る／ありがとうを言う／楽しむ
ルール	２チームに分かれ、借り物競争をする。順番を決め、落ちているカードを１つ選び、書いてあるものを持っている人（指導者や保護者）の所へ借りに行く。借りるときに、「かしてと言う」「了解を得てから持っていく」ということができているか、確認してから品物を渡す。借りられたら、チームに戻り交代する。

| 幼児 | 小学校(低) | 小学校(中) | 小学校(高) | 中学生 |

No.11　仲間に入るときは？　30分

　「入れて」と言って，仲間に加わることは，仲間関係を構築する上で必要な大事なスキルです。「入れて」と言うことができない子どもは，友だちの遊びの妨害をしたり，遊んでいる友だちの周りをうろうろしたりするかもしれません。年齢が上がると，遊びに加わろうとはせず，孤立し始める場合もあります。このプログラムでは，具体的に"適切な声の大きさで""「入れて」と言う"ということをロールプレイングやゲームを通して教えていきます。低学年のうちにぜひ指導しておきたいスキルです。

【ねらい】・"適切な声の大きさで""「入れて」と言う"
　　　　　・"「いいよ」と言われて"から仲間に加わる
　　　　　・ことわられたときに，対処する

【ゲーム】ゲームのスタンプラリー

【準備物】ゲームで使用するもの

【指導の留意点】関わりが一方的になりやすい子どもや，相手の反応に気づきにくい子どもには，"了解を得ること"にも注目させる。「入れて」のほかにどんな言い方があるのか，子どもたちに考えさせたり，ワークシートを使って引き出してみてもよい。中学年以降の年齢段階では，ことわられたときにどうするか，スキルのレパートリーも増やし指導する。軽度発達障害の子ども（特にPDD）は，友だちとの相性がうまく遊べるかどうかの大きなポイントになる。ペースや興味関心が合わない仲間よりも，自分との相性がよい仲間に近づくように指導することも必要である。

【関連するプログラム】←話しかけるときは？

ソーシャルスキルの指導に使えるゲーム14

ゲームのスタンプラリー	対象：幼◎　低◎　中◎　高○ 人数：3人以上　時間：20分

ねらい　「入れて」と言う／勝ち負けの経験

ルール　黒ひげ危機一髪やダーツ，ジェンガなど数種類のゲームを用意する。それぞれのゲームコーナーを作り，それぞれのコーナーにスタンプを置いておく。子どもは，スタンプラリーカードを持って自分の遊びたいゲームがある所に行って，「入れて」と声をかけて遊ぶ。そのゲームで仲間と勝負して，勝ったらスタンプをカードに押すことができる（そのゲームで1回でも勝たないと，スタンプは押せない）。抜けるときは「抜けるね」と言ってから他のゲームの場所に行く。全部のコーナーを周ってすべてのスタンプを集めていく。「入れて」「抜けるね」と言うようにルールとして提示するが，指導者はそれぞれの子どもが「入れて」「抜けるね」を言えるようにプロンプトをしていく。

指導の展開

モデリング：うまく仲間に入れないＡ先生の例を提示する

「Ａ先生は，友だちと遊ぶのが苦手です。友だちが遊んでいるときに，仲間に入れてもらいたいのですが，なかなか入れません。Ａ先生の困った場面を見てみましょう。」
みんな：楽しく遊んでいる。Ａ先生：「ぼくもドッジボールしたいなあ…」（小声でつぶやく）。みんなの周りをうろうろしている。みんな：「Ａ先生，そこで遊んでいるとボールぶつかるよ。どいてね。」

⇩

話し合いとスキルの教示：仲間に入るときのポイントについて

「Ａ先生は，みんなと遊べなかったね。Ａ先生はどうすれば，みんなと遊べると思う？」子どもたちに意見を聞き，その意見を活用しながら，①"適切な声の大きさで（聞こえるくらいの声で）"②"「入れて」と言う"③"「いいよ」と言われてから仲間に加わる"の３つのポイントを教示していく。３つのポイントが子どもたちから出ない場合は，それぞれのポイントができていない例を強調して，先生がモデリングしてみてもよい。これらのポイントは，板書または掲示シートにして示す。

⇩

リハーサル：ロールプレイングで"仲間に入るとき"の練習をする

「では，みんなにも実際にやってもらいましょう。」
１人１人，先生相手にロールプレイングをする。その都度，肯定的に評価。

⇩

般化と定着化：ゲームでの実践と機会を見つけての指導

ロールプレイング後，「ゲームのスタンプラリー」ゲームで実践をする。
日常の自由な場面で，「入れてと言ってごらん」とプロンプトしたり，「○○君も入れてあげたんだ」「みんなで遊んだほうが楽しいよね」等と間接的にフィードバックしたりするなど，その都度，機会を見つけて指導していく。
　中学年以降は，ことわられたときどうするかについても指導しなければならない。次回のセッションで，ことわられたときは，"他の友だちを誘う""少ししてからまた聞いてみる""あきらめる"など子どもの対人スタイルに合わせて指導していくとよいだろう。

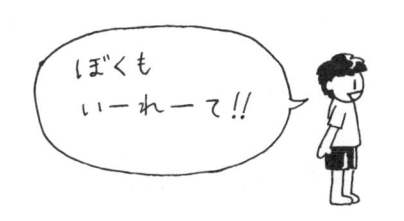

| 幼　児 | 小学校（低） | 小学校（中） | 小学校（高） | 中学生 |

No.12　自己紹介をしよう　30分

　人とはじめて会ったときや，これから仲良くなっていくときに必要な自己紹介のスキルについて学びます。ＬＤ・ＡＤＨＤ・高機能自閉症の子どもたちは対人意識が低かったり，どう話していいかわからなかったりして，いつまでも相手の名前を知らなかったり話したことがなかったりします。このスキルは，仲間関係をスタートするときにとても大切です。また，それ以降，仲間関係を深めていくことにも影響を及ぼします。集団のなかで相手を意識できるように，グループ活動の最初に行うとよいでしょう。

【ねらい】・相手の名前を知ることの大切さに気づく
　　　　　・自己紹介スキルの習得（"挨拶""自分の名前""よろしくお願いします"）
【ゲーム】ペア探し／名刺交換でビンゴ
【準備物】「自己紹介の手順」掲示シート／ゲームで使用するもの
【指導の留意点】仲間関係ができていない段階で取り組むプログラムなので，共通の話題や興味関心を活用しながらゲームを組み立て，子ども同士のおしゃべりが膨らむようにする。
【関連プログラム】←挨拶をする　←話しかけるときは？　→名前を覚えよう

ソーシャルスキルの指導に使えるゲーム15

ペア探し

対象：幼〇　低◎　中〇　高〇
人数：4〜8人　時間：10分

ねらい　自己紹介する／仲間に関わる／ウォーミングアップ

ルール　スタートの合図で，みんなが椅子から立ち上がり，1人1枚カードを拾う。すべてペアになるカードなので，ペアになる人を探す。ペアになったら，椅子に座り，自己紹介をする。

ペアカード：カードには半分になった絵や言葉を書いておく。同じ長さになるひも，具体物の組み合わせ（ボールとグローブなど）でやることもできる。動物のカードを作り，鳴き声だけ（もしくはジェスチャーだけ）でペアになる相手を探させてもよい。ウォーミングアップゲームとしても実施することができる。

指導の展開

```
┌─────────────────────────────────────────────────────────────┐
│ 導入とモデリングと教示：自己紹介の適切なモデルの提示とポイントの明確化
│
│ 「上手な自己紹介について勉強していきます。」「A先生とB先生が上手な自己紹介を見せます。よ
│ く見ておいてくださいね。」
│ A先生：「はじめまして。」 B先生：「はじめまして。」 A先生：「わたしは，Aです。」 B先生：
│ 「わたしは，Bです。」 A先生：「よろしくお願いします。」 B先生：「こちらこそ，よろしくお願
│ いします。」
│ "挨拶""自分の名前を言う""よろしくお願いします"の流れを提示シートで確認する。
│ 高学年や中学生の場合は，モデリングやロールプレイングを省いて，自己紹介のポイントを教示し，
│ すぐにゲームに移ってもよい。
└─────────────────────────────────────────────────────────────┘
                              ⇩
┌─────────────────────────────────────────────────────────────┐
│ リハーサル：ロールプレイングで練習
│
│ 「では，今日は自己紹介のゲーム（ペア探しまたは名刺交換でビンゴ）をします。楽しくゲーム
│ をするために，ゲームをする前に，自己紹介の練習してみましょう。」
│ 子どもたちに先生相手にロールプレイングをしてもらう。
└─────────────────────────────────────────────────────────────┘
                              ⇩
┌─────────────────────────────────────────────────────────────┐
│ ゲームでの実践：ペア探し（または名刺交換でビンゴ）で練習
│
│ 「ではゲームで練習するよ。上手に自己紹介できるかな？」
└─────────────────────────────────────────────────────────────┘
```

ソーシャルスキルの指導に使えるゲーム16

名刺交換でビンゴ	対象：低〇　中◎　高◎　中学〇
	人数：4～8人　時間：20分

ねらい　自己紹介する／仲間に関わる／仲間意識をつくる／ウォーミングアップ

ルール　自分の名刺を多めに作成する（p57）。名前を書くだけでなく，自分の好きなTV
や絵を書いてもよい（名刺の裏には両面テープを貼っておく）。みんなで自己紹介をしなが
ら名刺交換をする。相手に自分のビンゴシートに名刺を貼ってもらい，ビンゴシート（9マ
スか16マスがベスト）を完成させる。マスが余ったら，先生の名前やTVのキャラクターの
名前などを書いてすべてを埋める。最後に，名前ビンゴシートを使って，ビンゴゲームをする。
ビンゴのやり方：みんなから名刺を1枚ずつ回収し，名刺を折り曲げて，ビンゴボックスに
入れる。リーダーがビンゴボックスから，1枚ずつ名刺を取り出し，読み上げる。みんなは
読み上げられた名前に丸をしていく。丸が縦，横，ななめに揃ったら，「ビンゴ」と言う。

| 幼児 | 小学校(低) | 小学校(中) | 小学校(高) | 中学生 |

No.13　名前を覚えよう　15分

仲間の名前を覚えることは，関係を築いていく上で基本となるスキルです。対人意識の薄い子どもでも，プログラムに参加するなかで，名前を覚える重要性に気づき，ゲームを通じて仲間の名前を覚えることを促していきます。活動の初期に行い，グループづくりの土台としていくとよいでしょう。

【ねらい】・仲間に注目をする
　　　　　・仲間の名前や顔を覚える
【ゲーム】顔と名前神経衰弱／となりの○○さん／リズムネーム／ネームバレー
【準備物】名札／出席表（子どもたちの名前がかかれた掲示シート）
【指導の留意点】記憶することが苦手な子どもには，視覚的なヒント（例　名札をつける）を増やしたり，個別に覚えるための手がかり（例　特徴，ニックネーム）を教えたりするなどして，難易度を調整していく。名前を覚えたことが，ゲーム場面だけで終わらないように，プログラム終了後，意識的に定着をねらっていく必要がある。自由場面で名前を呼ぶことを促したり，「仲間の名前を呼ぶ」プログラムへと発展させていったりしてもよいでしょう。
【関連プログラム】←自己紹介をしよう　→名前で呼ぼう，返事をしよう

指導の展開

導入：今日のテーマ，ゲームについての説明
「みんな，友だちの名前はもう覚えた？　今日は，クラスのみんなともっと仲良くなるために，名前を覚える練習をしたいと思います。」ゲームのルールについて説明する。

⇩

ゲームでの実践：名前を覚えるゲーム
『顔と名前神経衰弱』『となりの○○さん』『リズムネーム』『ネームバレー』などをどれか1つ行う。

⇩

フィードバック：ゲーム中，終了後に子どもの行動を評価
ゲーム中に，仲間の名前がわからなくなった場合は，出席表や名札を見るように促したり，ヒントを与えて，名前を呼べるようにする。子どもが名前を覚えようとしたときに肯定的に評価する。ゲーム終了後も，みんなが名前を覚えられたことを肯定的に評価する。

⇩

般化：今後の指導につなげていく
次回以降のグループ活動のときに，仲間の名前について答えたり，呼んだりする機会をつくり，覚えていることを積極的に評価する。保護者や在籍学級の先生にも，子どもが仲間の名前を覚えられるように，指導してもらったり，仲間のことを話題にしてもらったり等，配慮してもらう。

ソーシャルスキルの指導に使えるゲーム17

顔と名前神経衰弱	対象：低○　中◎　高◎　中学○
	人数：4〜10人　時間：15分
ねらい	仲間への注目／仲間の名前と顔を覚える
ルール	顔写真と名前カードを使って神経衰弱をする。順番に2枚ずつカードをめくっていき，顔写真と名前カードが一致すればそのカードをもらえる。（自分のカードはジョーカーとして取れないようにしてもよい。）獲得したカードが多い人が勝ち。

ソーシャルスキルの指導に使えるゲーム18

となりの○○さん	対象：中○　高◎　中学○
	人数：4〜10人　時間：10分
ねらい	仲間への注目／仲間の顔と名前を覚える
ルール	胸に名札をつけて円になって座る。最初の人が「○○さんのとなりの××です」と自己紹介をする。次に，その左どなりの人が「○○さんのとなりの××さんのとなりの△△です」のように言い，順番に前の人が言ったことを引き継いで自己紹介をしていく。見事最後の人まで言うことができたら拍手。名前を覚えてきたら，名札をはずして行う。

ソーシャルスキルの指導に使えるゲーム19

リズムネーム	対象：中○　高◎　中学◎
	人数：3〜6人　時間：10分
ねらい	仲間への注目／仲間の名前と顔を覚える
ルール	名札をして円になって座る。手を2回叩いた後に，左右の親指を出しながら「まさお（自分の名前），たかし（誰かの名前）」のように呼んでいく（他の人も手をたたくときだけはいっしょに叩く）。呼ばれた人が同じように，「たかし（自分の名前），はなこ（誰かの名前）」と呼んでいき，これを続け，間違ったり止まったりするまで行う。慣れてきたら名札をはずしたり，交換したりして行う。

| 幼 児 | 小学校(低) | 小学校(中) | **小学校(高)** | 中学生 |

No.14　名前で呼ぼう，返事をしよう　⑳分

　"名前を呼ぶ"，"名前を呼ばれたら返事をする"といったスキルは，対人意識が薄く，人との関わりが不器用なPDDなどの子どもがつまずきやすいスキルです。ここではフリスビーパスなどの遊びを通じて練習します。ゲームのなかで，"仲間の名前を呼ぶ""返事をする"をルールとして組み込み，実践させます。

【ねらい】・仲間の名前を呼ぶ
　　　　　・名前を呼ばれたら返事する
【ゲーム】協力ネームパス／名前フライングディスク
【準備物】「名前を呼ぶ・返事する」掲示シート／ゲームで使用するもの（フリスビー等）
【指導の留意点】仲間の名前を呼ぶ際に聞こえるくらいの声の大きさで呼ぶこと（発表するときは？　を参照），相手の動きや反応をよく見ること（P.40の見る修行を参照）も指導のポイントである。低学年や高機能自閉症の場合，周りの子の名前を覚えていなかったり，名前を呼ばれたことに気がつかないことがある。必要に応じ，ゲームを実施する前に名前を呼ぶ練習をする，または，ゲーム中にも名札や出席表を見るように適度にプロンプトが必要。
【関連プログラム】←自己紹介をしよう　←名前を覚えよう

ソーシャルスキルの指導に使えるゲーム20

協力ネームパス	対象：幼○　低◎　中◎　高○ 人数：3〜8人　時間：10分

ねらい　仲間の名前を呼ぶ／名前を呼ばれたら返事する／協力する

ルール　大きな輪をつくり，相手の名前を呼んで返事を聞いてからぬいぐるみなどをパスする。パスを受けた人は，一歩前に出る。これを繰り返して，全員が中央に寄っていく。肩が触れる距離の輪になったら，終了。パスするときには，綺麗な輪になるように，引っ込んでいる人（パスをあまり受けていない人）にパスするように配慮する。

指導の展開

導入：今日のテーマについて説明
「今日は，このフライングディスクをパスで回して遊びます。安全に遊ぶための大事なルールがあります。遊ぶ前に，まずは，そのルールを学びましょう。」

⇩

モデリングとスキルの教示：不適切な場面を指導者が提示し，子どもに気づかせる
「では，A先生，B先生でパスしてみます。よく見ててくださいね。」
A：(いきなりディスクをパス)　B：(飛んでくるディスクに気づかず，激突)
何がいけなかったか，どうすればよかったか子どもたちに意見を聞き，子どもの意見を取り入れながら"名前を呼ぶ"ことを教示する。掲示シートを貼ったり板書したりする。同様に，不適切なモデリング場面を示し"相手に取りやすいようにパスする""みんなに回す""壁にぶつけない""返事を聞いてから投げる"なども必要に応じて教示していく。「これらのポイントは，安全に楽しく遊ぶためにとても大事なこと」と意義を教示する。最後に適切な例を指導者がモデリングで示す。

⇩

ゲームでの実践：名前フライングディスクを実施
ゲーム中，名前を呼ばずにパスする子には「名前を呼んで」と促す。また，返事がない場合には，「パスができないよー」等と声をかける。うまくやれているときには，即座に肯定的にフィードバックする。

⇩

般化：今後の指導につなげていく
ゲーム終了後，仲間から名前を呼ばれたり，返事を返したりすると，自分のことをわかってもらえたようで心地よいことに触れる。人の名前を呼んだり，しっかり返事をすることが仲間と楽しく遊んだり，活動するためには大切であることを再度教示。次回以降の指導の際，機会を見つけて「人を呼ぶときは名前で呼ぼう」「しっかり返事できてるね」等と声かけをし，意識させる。

ソーシャルスキルの指導に使えるゲーム21

名前フライングディスク	対象：低○　中◎　高◎　中学○ 人数：3～8人　時間：10分
ねらい	仲間の名前を呼ぶ／名前を呼ばれたら返事する／衝動性のコントロール
ルール	全員で円になり，パスをする相手の名前を呼んで，返事を聞いてからディスクを放る。数分間，パスのやりとりをしたり，落とさずに何回パスが続くかチャレンジする。低学年は，不器用さからうまくパス＆キャッチできないことが考えられるので，楽にキャッチできる少し大きめのボール，マジックキャッチ等を用いるとよい。

| 幼児 | 小学校（低） | 小学校（中） | 小学校（高） | 中学生 |

No.15　あったか・チクチク言葉　40分

> あったか言葉とチクチク言葉といった概念から言葉が人に与える影響を学びます。頭で理解した後は，実際のゲーム場面や他の活動場面で，あったか言葉を使うように，また，チクチク言葉はうっかり言わないように指導していきます。このスキルは，仲間関係をつくり維持していくのにとても大切です。グループ活動のルールとして位置づくように，早い時期に行い，その後も機会を見つけて指導していくとよいでしょう。

【ねらい】・あたたかい言葉かけとチクチクする言葉かけの概念・意義を知り，弁別する
　　　　　・チクチク言葉のコントロールとあったか言葉の習得をする

【ゲーム】あったか・チクチクおはじき／協力フリスビーボーリング／ドッジボールなどチームで対戦するゲーム

【準備物】「あったか・チクチク」ワークシート

【指導の留意点】低学年や高機能自閉症の場合，「あったか言葉」「チクチク言葉」といった抽象語のイメージがつかめないことがある。具体例をたくさん挙げて，弁別させることがポイントとなる。あったか言葉は，情緒面の状態，性格傾向などから言いたがらない子どももいる。その場合は，チクチク言葉を制御することだけでも十分に評価してあげる。

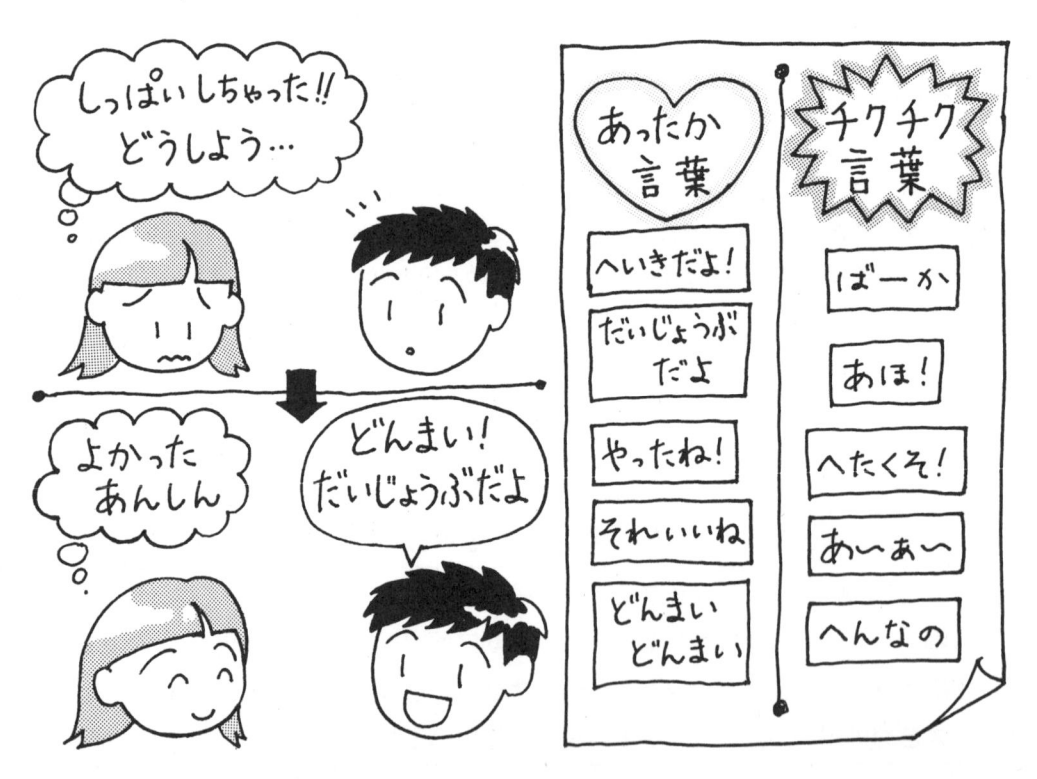

指導の展開

導入の教示：今日のテーマについての説明

「言葉は，人をいい気持ちにする言葉，人をいやな気持ちにする言葉の２つに分かれます。昨日，先生は，友だちにありがとうと言われて，いい気持ちになりました。今日は，そういった言葉，つまりあったか言葉・チクチク言葉について勉強します。」

⇩

モデリング：サッカーの場面の提示

「"どんまい""あ～あ，下手だなぁ"の２つの言葉について考えたいと思います。私（Ａ先生）がこの言葉を言ってみますので，Ｂ先生はどんな気持ちになるか考えてね。」
Ａ先生：はい，行くよ（ボールを蹴る）。Ｂ先生：あれ～（空振り）。Ａ先生：どんまい。
子どもにＢ先生がどんな気持ちになったか聞いてみる。「あ～あ，下手だなぁ」の言葉についても同じようにモデリングで示し，Ｂ先生の気持ちを聞いてみる。（「あったか・チクチク」ワークシートを併用してもよい）

⇩

スキルの教示：あったか言葉・チクチク言葉の概念，意義の説明

「みんなの言うとおり，この言葉はあったかい気持ちになる。こういった言葉をあったか言葉と言います。こういう言葉は，いやな気持ちになるから，チクチク言葉と言います。」今まで人から言われたチクチク言葉，あったか言葉を子どもたちに聞く。その経験も踏まえ，チクチク言葉は使わないほうがよく，あったか言葉を使うことが友だちと楽しく遊ぶためには大切であるということを教示する。

⇩

リハーサル：ワークシートでのあったか言葉・チクチク言葉を分ける

「あったか・チクチク弁別」ワークシートを配布し，あったか言葉に〇，チクチク言葉に×をつけてもらい，２つの言葉について具体例を通して弁別する。答え合わせもする。

⇩

ゲームでの実践：チームで対戦できるゲームで練習する

"あったか・チクチクおはじき"等のチーム対抗のゲームをどれか１つ行う。"あったか言葉を使うこと""チクチク言葉を抑えること"をゲームのルールとして提示する。ゲーム中，ゲーム後には，「ちょっと言ってしまったけれど，その後はチクチクを我慢できたね。」「いい励ましの言葉！！」と肯定的に評価。

⇩

般化：今後の指導につなげていく

次回以降のグループ活動のときに，機会を見つけて「チクチク言葉，気をつけて」「チクチク抑えることできたね」「あったか言葉，たくさん使えるね」とその都度，思い出させ肯定的にフィードバックする。

「あったか・チクチク」ワークシート

サッカーで しっぱい して しまった Bさん
Aさんの ことばに どんな きもちに なるかなぁ？

あ～あ！！
へただなぁ…

Bさん　　　Aさん

どんまい，どんまい
へいき！！ へいき！！

Bさん　　　Aさん

　　　月　　日　なまえ

「あったか・チクチク弁別」ワークシート

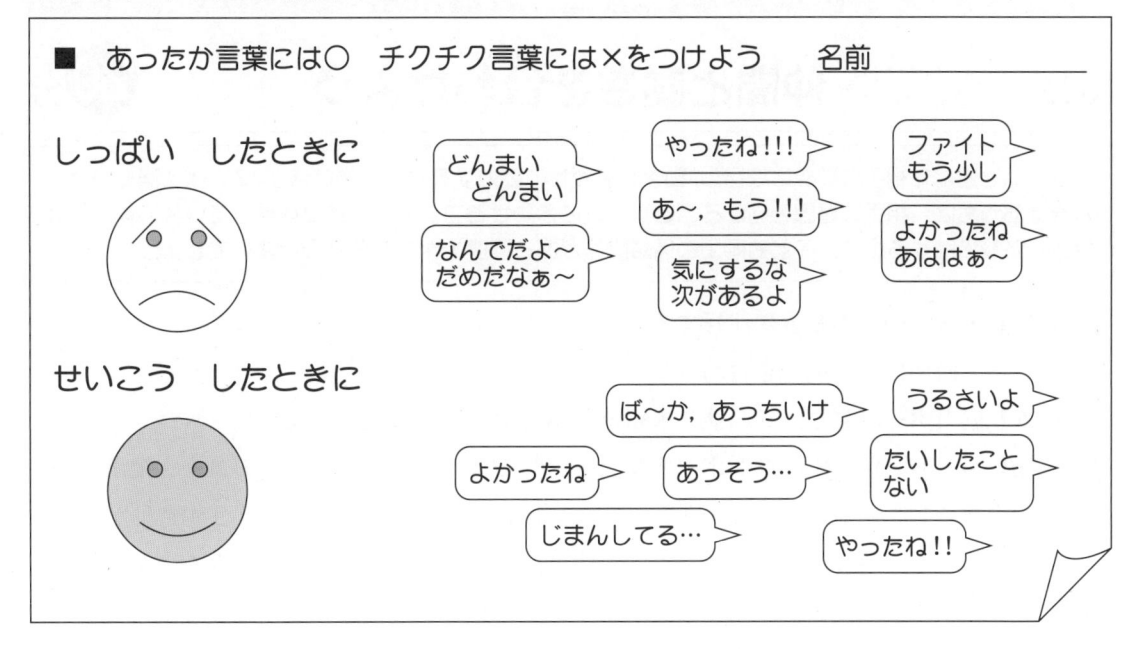

■ あったか言葉には○　チクチク言葉には×をつけよう　　　名前＿＿＿＿＿＿

しっぱい　したときに

- どんまい　どんまい
- やったね！！！
- ファイト　もう少し
- なんでだよ～　だめだなぁ～
- あ～，もう！！！
- よかったね　あははぁ～
- 気にするな　次があるよ

せいこう　したときに

- ば～か，あっちいけ
- うるさいよ
- よかったね
- あっそう…
- たいしたことない
- じまんしてる…
- やったね！！

ソーシャルスキルの指導に使えるゲーム22

あったか・チクチクおはじき	対象：低◎　中◎　高○ 人数：4～8人　時間：15分

ねらい	チクチク言葉のコントロール／応援する／仲間意識をつくる
ルール	2チームに分かれ，チーム対抗でおはじき合戦をする。チームごとに順番でおはじきを指ではじき，ぶつけることができたらぶつけたおはじきをもらえる。①はじくおはじきとぶつけるおはじきを決め，その間に指で線を引き，ねらいを定める。②ぶつけたら，おはじきをゲットできる。③ねらいを定めていないおはじきに先にぶつかったり，机から飛び出したりしたらアウト。④仲間にチクチク言葉を使ったら，おはじきが1つ減点される。

ソーシャルスキルの指導に使えるゲーム23

協力フリスビーボーリング	対象：幼○　低○　中◎　高◎　中学○ 人数：2～8人　時間：10～20分

ねらい	チクチク言葉のコントロール／応援する／なぐさめる／協力する
ルール	ペアでフライングディスクを使ってボーリングをする。①投げる順番を決める。②ペアで順番にピンを倒していく。③ボーリングと同じように，全部倒せなかったら他の仲間がスペアをねらいに行く。④ボーリングと同じ点数換算をしていく。⑤チーム対抗戦をする。

| 幼 児 | 小学校(低) | 小学校(中) | 小学校(高) | 中学生 |

No.16　　仲間と動きを合わせよう　　㉑分

　ゲームを通して相手の動きに注目し，動きを合わせて協力することを学びます。2人組で楽しいゲームをするうちに，相手に意識を向けることや，人に合わせるコツを具体的に体験していきます。体が接近したり接触するので，子ども同士の信頼関係がある程度できてから行うとよいでしょう。

【ねらい】・ペアの人の動きに注目する
　　　　　・適切に人と動きを合わせる
【ゲーム】協力ボード渡し／その他2人組みの協力ゲーム／二人三脚など
【準備物】ボード（新聞紙，ダンボールなど）／ゲームのルール表／「協力のコツ」掲示シート
【指導の留意点】「人と動きを合わせる」という指示だけでは，具体的にどう体を動かせばよいのかわからず戸惑うことがある。どこに注目したり配慮すればうまくできるのか，具体的に言葉の教示やモデリングで示すことがポイントである。早くゴールすることに気を取られて相手への配慮に欠ける行動をしてしまわないよう，子どもたちが勝敗にこだわらずに楽しめるゲームにしたい。そのために指導者はゲーム全体を通して，早く進めることではなく，うまく協力できていることを積極的に評価する。また，「ワニのいる池」にしたり，渡った先に「クイズのおに」がいて出された問題を答えなければクリアできないなど，スピード以外のところにゲーム性をもたせるとよい。
【関連プログラム】→協力してやりとげる

指導の展開

```
┌─────────────────────────────────────────────┐
│ 導入：今日のテーマについての説明                │
│ 「今日は協力ボード渡しをします。2人組で協力する │
│ ことがポイントのゲームです。」                  │
└─────────────────────────────────────────────┘
                    ⇩
┌─────────────────────────────────────────────┐
│ ゲームでの実践：協力ボード渡し                  │
│ ゲームのルールを説明し，協力のコツ（"渡りやすい │
│ ところにボードを置く" "支える" など）をモデリン │
│ グや黒板に掲示して示す。ゲーム中，協力できてい │
│ るチームにはうまくできている所をフィードバック │
│ する。できていないチームには協力のコツを具体的 │
│ に伝える。ゲーム終了後，子どもたちに難しかった │
│ 所や上手くできた所を聞く。                      │
└─────────────────────────────────────────────┘
                    ⇩
┌─────────────────────────────────────────────┐
│ 般化：今後も継続的に指導していく                │
│ 「仲間と上手に協力したから，みんなちゃんとゴー  │
│ ルにたどり着けたんだね」と協力の必要性を再度伝  │
│ える。「協力」の意識を定着させるため，繰り返し  │
│ 協力ゲームをするとよい。                        │
└─────────────────────────────────────────────┘
```

ソーシャルスキルの指導に使えるゲーム24

協力ボード渡し（ワニ池渡り）	対象：幼◎　低◎　中◎　高○
	人数：4〜8人　時間：10分

ねらい　意識して2人の体の動きを合わせる

ルール　2人組になり，各組2枚のボードの上のみを踏んでゴールを目指す。年齢によって，「ワニのいる池」にしたり，渡った先のおにの出す問題をクリアするなどとゲーム性をもたせると楽しめる。身体接触に抵抗があったり，運動能力に差がある場合などは，ボードを渡す人（おたすけマン）と渡る人に役割分担するとよい。

ソーシャルスキルの指導に使えるゲーム25

協力ボール（風船）運び	対象：幼○　低◎　中◎　高○
	人数：4〜8人　時間：10分

ねらい　意識して2人の体の動きを合わせる

ルール　2人組になり，ボールを手で触らずに運ぶ。新聞紙や布に載せて運んだり，体の一部ではさんで運ぶなど，子どもの力に合わせて難易度を変える。

ソーシャルスキルの指導に使えるゲーム26

新聞列車	対象：幼◎　低◎　中○
	人数：2〜8人　時間：10分

ねらい　意識して2人の体の動きを合わせる

ルール　2人組みになり，新聞で作った列車（新聞を丸く切り抜く）に入り，破らないようにゴールを目指す。切り抜く大きさにより難易度を調整する。

| 幼　児 | 小学校(低) | 小学校(中) | 小学校(高) | 中学生 |

No.17　助けて，ヘルプミー！！　⏰20分

　軽度発達障害の子どもは，日常生活のなかでさまざまな困難に遭遇しやすいものです。これらの子どもが困難を乗り越えていくためには，本人も自分から信頼できる仲間や大人に助けを求めていくことができなければなりません。困ったときに他者に助けを求めることは，困った場面を切り抜けられるだけでなく，新しい活動に安心して参加したり，チャレンジすることにもつながっていきます。このプログラムでは，仲間を助ける，仲間に助けを求めるといったスキルをゲームを通じて学んでいきます。

【ねらい】・他者に助けを求める
　　　　　・他者を助ける経験をする

【ゲーム】天使と悪魔のおにごっこ／電池人間／レスキュー新聞列車

【準備物】「助けを求める台詞」提示シート／「聞こえる声で言う」掲示シート

【指導の留意点】聞こえるように言うことに意識を向けづらい子どもには，指導者が横で声かけをするなど個別援助をすることが必要。高学年や中学生では，日常場面で仲間から助けられた経験を話し合うなどして，イメージを膨らませ，今回のテーマと日常生活をつなげていく。

【関連プログラム】←名前で呼ぼう，返事をしよう　←あったか・チクチク言葉　→協力してやりとげる

指導の展開

導入とモデリング：ゲームの説明と助けを呼ぶ場面の提示
天使と悪魔のおにごっこのルールを説明する。「これからゲームをうまくやるためのコツを教えます。先生がやってみせるから，よく見ててね」　悪魔役：「A君タッチ！」　A：（天使に小声で話しかける），天使：（気づかない）　天使が助けに来てくれなかった理由について子どもたちの意見を聞き板書する。

⇩

スキルの教示：助けを求めるスキルのポイントの説明
掲示シートを用いながら"台詞のレパートリー（「助けて」等）""相手に聞こえるように"を教示する。

⇩

ゲームでの実践：助け，助けられる場面があるゲームで練習する
「天使と悪魔のおにごっこ」（もしくは「電池人間」「レスキュー新聞列車」）のゲームを行う。上手に助けを求められているときは，即時に評価する。終了後も助け合えたことを評価する。

⇩

般化：意義の教示と機会を見つけての指導
助けてもらったり，助けたりしたときにどんな気持ちになったかについてふりかえる。それらの体験は，とてもうれしい体験であり，友だちと仲良くやるために大切なことであることを教示する。次回以降の活動でも，困っている場面で，助けを求めるように促す。

ソーシャルスキルの指導に使えるゲーム27

天使と悪魔のおにごっこ	対象：幼○　低◎　中◎　高◎　中学○
	人数：6人以上　時間：5〜10分

ねらい　仲間に助けを求める／仲間を助ける

ルール　悪魔役と天使役を決める。その他の人は逃げ，悪魔役の人にタッチされたらその場に座る。天使役に助けを求めて，タッチされたら再び動ける。

ソーシャルスキルの指導に使えるゲーム28

電池人間	対象：低○　中◎　高◎　中学○
	人数：6人以上　時間：5〜10分

ねらい　仲間に助けを求める／仲間を助ける

ルール　全員が頭の上におてだま（電池に例える）をのせ教室を自由に歩く。電池が落ちると動けなくなる。誰かに助けを求め，再び頭に電池をのせてもらうと復活。全員で何秒生き残っていられるか計る。障害物のあるコースを作って，みんなで周ってもよい。

ソーシャルスキルの指導に使えるゲーム29

レスキュー新聞列車	対象：低○　中◎　高○
	人数：6人以上　時間：10分

ねらい　仲間に助けを求める／仲間を助ける／仲間と動きを合わせる

ルール　チーム対抗戦。レスキュー役（チームで1人），プレーヤー（ペア）に分かれる。真ん中をくり抜いた新聞に入ってコースを1周する。新聞が破けたら止まり，レスキュー隊を呼び，ガムテープで修復してもらう。1周ごとにレスキュー役を交代して実施する。8人いれば，リレー形式にできる。

| 幼児 | 小学校(低) | 小学校(中) | 小学校(高) | 中学生 |

No.18　いろんな気持ち　⑳分

> 　軽度発達障害の子どもは，自分の気持ちをうまく表現できずにパニックになったり，自分の気持ちを抑えられず騒ぎ立てたりするなど，感情に関する問題をもつことがあります。感情のコントロールには，「感情語を知る」「自分の感情の認知」「感情のコントロール法の習得」といった段階があります。
> 　ここでは感情のコントロールを育てる第一歩として，感情を表す言葉を知り，その数を増やしていくことをねらいとします。指導の際に言葉のイメージをつけやすくするために表情シンボルを理解の手がかりとして使います。気持ちの理解があまり得意ではない子どもに必要なプログラムです。

【感情のコントロールの段階】

- 感情のコントロールの段階には，いくつかのステップがあります。いやな気持ちなどをいきなり我慢させるのではなく，まずは，感情について知ることから始めます。そして，自分の感情を認知し，言葉で表現できるようになってから，ネガティブな感情についての対処方法を教えていきます。
- また，子どもが感情を認知し表現できるようになるには，日頃の大人の対応方法や姿勢が大切です。楽しい，うれしいなど肯定的な感情だけでなく，イライラや不安などネガティブな感情について，共感的に対応し，「くやしかったね」「ムカついたんだね」などと親身になって声をかけてあげることで，子どもも自分の感情に気がつき，言葉で表現できるようになります。

感情語 を知る	自分の 感情の種類 を認知する	自分の 感情の大きさ を認知する	ネガティブ な感情に 対処する
いろんな気持ち (本プログラム)	感情ぴったんこ (96ページ)	気持ちの温度計 (120ページ)	私のストレス解消法 (124ページ)

語彙の習得　→　感情の認知　→　感情のコントロール

ネガティブな気持ちの受け入れってむずかしい…

【ねらい】・感情を表す言葉（感情語）を増やす

【準備物】「いろんなきもち」ワークシート／「表情シンボル」掲示シート／「体と感情」掲示シート

【指導の留意点】衝動性が高く，すぐ行動してしまう子どもは，自分の気持ちを意識できていない場合も多いので，表情シンボルを日常的に使って自分の気持ちを意識できるよう働きかけ，気持ちをコントロールしていくように工夫する。年齢や認知発達の水準に応じて，扱う感情語の数や種類を変える（年齢が上がれば，心配，動揺など抽象的なものも教えていく）。

【関連プログラム】←負けても平気　→感情ぴったんこ　→気持ちの温度計

指導の展開

導入：今日のテーマについての説明
「私たちはいいことがあるとうれしくなったり，悪いことがあると悲しくなったりします。こういうのを気持ちと言いますね。気持ちにはいろいろあります。みなさんはどんな気持ちの言葉を知っていますか？」子どもたちに知っている感情語を聞く。

⬇

スキルの教示：気持ちを表す語彙と表情の確認
「みんなが挙げてくれた通り，気持ちにはいろいろあります。それから，そのときの気持ちに合ういろんな顔があります。これを表情と言いますね。今度は表情と，それに合った気持ちを確認しましょう。」
・「表情シンボル」掲示シートを数種類黒板に貼り，それに合う気持ちの語彙を提示する。

⬇

リハーサル：ワークシートに記入する
「いろんなきもち」ワークシートを配布し，エピソードに合う感情を選ぶワークを行う。対象や状況によって，ワークシートではなくエピソードをモデリングや絵で示すとよい。

⬇

フィードバック：ワークシートの確認をしていく
ワークシートではどんな答えでもOKとする。どうしてそう思ったのかを聞き，「～なときってうれしいですね」など，子どもの答えに共感し，子ども自身の感じ方を尊重しながら，経験と感情語を結びつけ整理できるような声かけをする。

⬇

般化：今後の指導につなげていく
グループ活動の最後に，一日の感想として表情絵を使った感想を書かせたり，発表させたりして，その場で感じた感情を口にするように促す。勝ち負けがあるゲームの後など感情が表れやすい課題の後にふりかえりシート（資料2，3）を用いてふりかえりを行う。また，「体と感情」掲示シートを用いて，イライラ，ドキドキ，ワクワクなどの身体感覚と感情とのマッチングをさせてもよい。

「いろんなきもち」ワークシート

いろんなきもち

名前 ＿＿＿＿＿＿＿＿

こんなとき，どんなきもちになるでしょう？
ぴったりの　かおに　○をつけて，どんな　きもちかを　下のらんに　書きましょう。

| ふざけていておこられた | ほしいゲームを買ってもらった |

どんなきもち？（　　　　　　）　　どんなきもち？（　　　　　　）

| みんなの前でスピーチをした | ゲームであいてにずるをされた |

どんなきもち？（　　　　　　）　　どんなきもち？（　　　　　　）

| まいごになった | ぶじ家にかえりついた |

どんなきもち？（　　　　　　）　　どんなきもち？（　　　　　　）

「表情シンボル」掲示シート

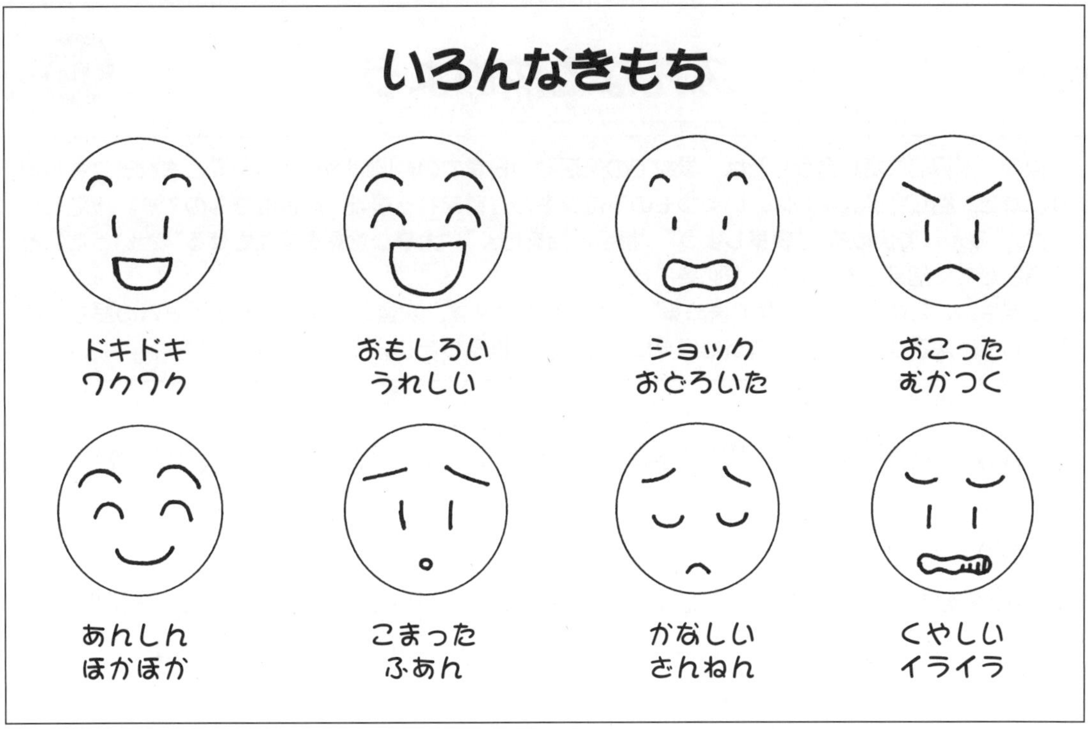

いろんなきもち

ドキドキ ワクワク	おもしろい うれしい	ショック おどろいた	おこった むかつく
あんしん ほかほか	こまった ふあん	かなしい ざんねん	くやしい イライラ

「体と感情」掲示シート

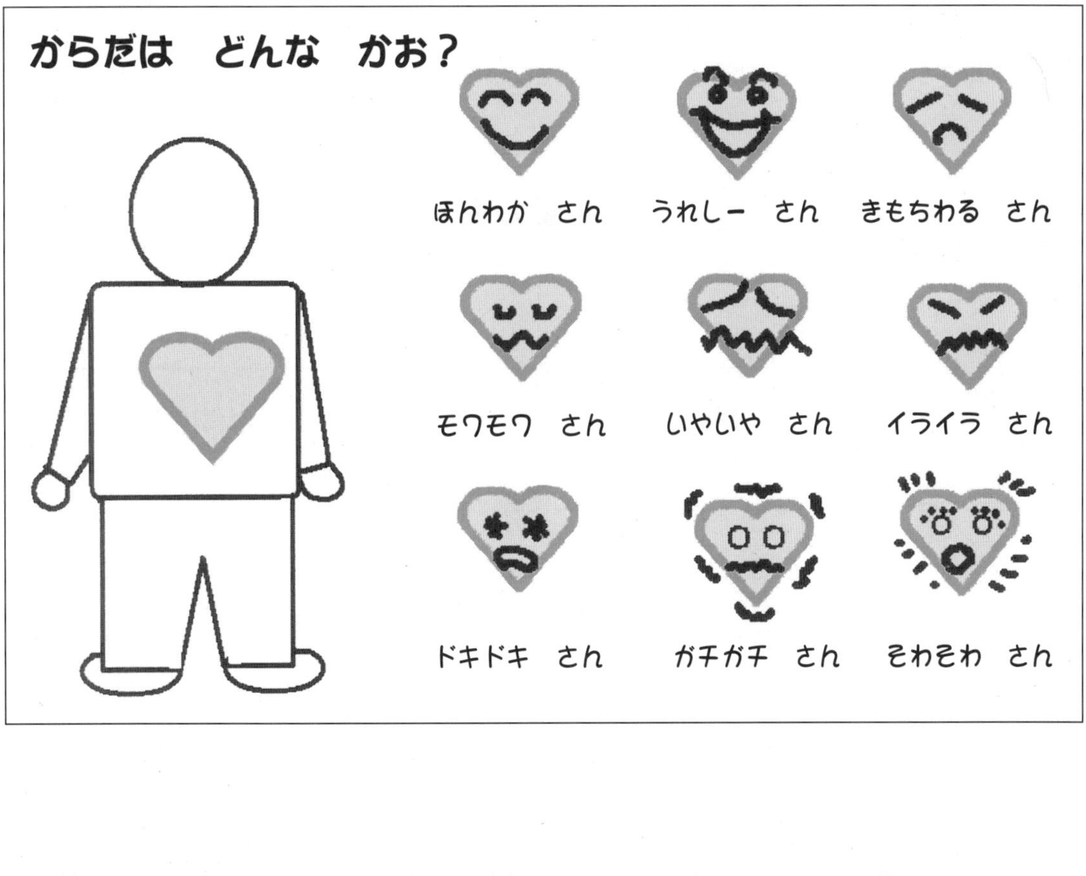

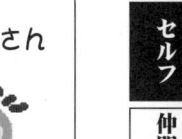

からだは どんな かお？

- ほんわか さん
- うれしー さん
- きもちわる さん
- モワモワ さん
- いやいや さん
- イライラ さん
- ドキドキ さん
- ガチガチ さん
- そわそわ さん

| 幼児 | 小学校(低) | 小学校(中) | 小学校(高) | 中学生 |

No.19　みんなで決めよう　⑮分

> 仲間と協調的に話し合うことは，学校での班活動や日常での仲間関係などで必要とされるスキルです。ただ，話し合いスキルは，いくつもの下位スキルが望まれる複雑で総合的なものです。段階としては，**"みんなで決める" "提案しよう" "相手の話を聴く" "大事な意見を優先させる"** といったことを順序だてて指導していくことが必要です。
> まずは，ここでは，**"みんなで決める"** スキルを学びます。次週にみんなで遊ぶゲームの話し合いを通して，決定する方法，決まった意見に従うことを指導します。

【ねらい】・意見を決定する方法を学ぶ（多数決，ジャンケン，あみだくじ，譲る等）
　　　　　・決まった意見に従う

【準備物】「みんなで決める」掲示シート

【指導の留意点】みんなで決めた意見に従えない子どもがいる場合，全員の意見を採用し，どのゲームから行うか実施する順番について，話し合いで決めることにしてもよい。"決定する方法"については，年齢が上がれば，説得する，妥協案を出すなど複雑なことも教えていってもよい。意見を決めるときは，多数決やジャンケンを行うといったパターンをつくる。ただ，ワンパターンの決め方になりがちなので，柔軟な方法で意見を決めることができるように，たくさんの"決定する方法"を指導していく。

【関連プログラム】→提案しよう　→上手な聴き方　→大事な意見は？　→子どもプロデュース

```
                    ┌─────────────────┐
                    │  上手な話し合い  │
                    └─────────────────┘
         ┌──────────┬──────────┼──────────┬──────────┐
    ┌────────┐ ┌────────┐ ┌────────┐ ┌────────┐
    │みんなで │ │提案しよう│ │上手な  │ │大事な  │
    │決める  │ │        │ │聴き方  │ │意見は？│
    │(本プロ │ │(90ペー │ │(92ペー │ │(110ペー│
    │グラム) │ │ジ)     │ │ジ)     │ │ジ)     │
    └────────┘ └────────┘ └────────┘ └────────┘
```

| 決める方法を知る | 決まった意見に従う | 意見を言う | 提案の言い方 | 相手を見る | 待って聞く | うなずくあいづち | 理由を言う | 意見の優先順位をつける |

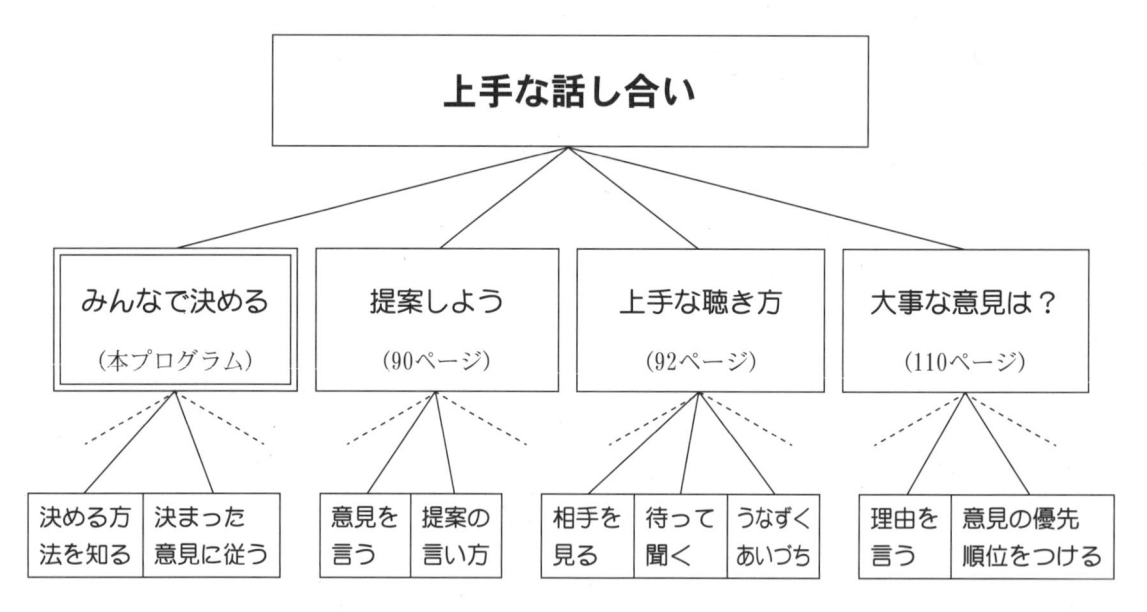

図　話し合いスキルのたくさんのポイント（下位スキル）

指導の展開

導入：来週遊ぶゲームについて
「今日は，来週みんなで遊ぶゲームについて話し合いたいと思います。みんなは，来週のこの時間に何をして遊びたいですか？」子どもたちの意見を聞き，ゲームをリストアップする。意見が出ない場合は，あらかじめゲームを3つ程度，指導者が提示する。

⇩

スキルの教示：掲示シートを用いて"みんなで決める"スキルを教える
「たくさんゲームがありますね。この中から1つだけ，みんなで決めたいと思います。どうやって決めればよいと思いますか？」子どもたちの意見を聞き，板書する。
「みんなで決める」掲示シートを提示し，子どもたちの意見を取り入れながら，"決定する方法"のポイントを説明する。意見を1つに決める方法（多数決，ジャンケン，あみだくじ，譲る等）は，それぞれ黒板に書いたり，指導者がモデリングで示したりして教えていく。

⇩

スキルの教示：掲示シートを用いて"決まった意見に従う"を教える
「みんなで決める」掲示シートを提示する。「みんなで意見を1つに決めたら，そのゲームはいやだ!!と思っても，決まったものには従わなくてはいけません。みんなで楽しく遊ぶためには，どうしてもダメな理由がない限り，決めたゲームで遊びます。」実際の話し合いの前に，ルールとして，子どもたちに意識させておく。

⇩

実践：次週のゲームについての話し合い
「では，みんなで話し合いをしてみたいと思います。今日は，多数決で決めたいと思います。一番，手が挙がったゲームに決めますよ。」再度，ゲームのリストを確認し，指導者が議長役で多数決を行う。

⇩

定着化と般化：日常場面での練習の機会とゲームでの実践
日頃，ゲームをする順番を決めるとき，グループを組むとき，誰が発表するか決めるときなど，日常場面のさまざまな機会を利用しながら，子どもたちに，多数決，ジャンケン，あみだくじ等を行うように促していく。また，遊び感覚で多数決や決まった意見に従うことに慣れるために，ソーシャルスキルの指導に使えるゲーム「多数決バトル　ジャンケン編」をグループ活動の時間に行ってもよい。

あいこでしょ！

「みんなで決める」掲示シート

いけんを 1つに きめる

① たすうけつ
サッカー 丁
トランプ 正
ジェンガ 下
かくれんぼ 一

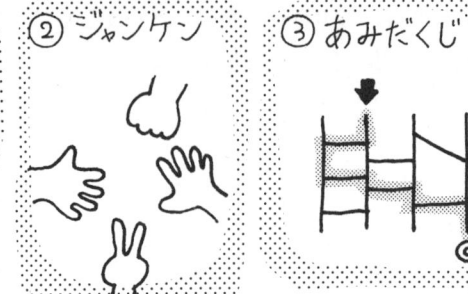

② ジャンケン

③ あみだくじ

④ ゆずってあげる
「トランプでもいいよ」

きまった いけんには したがう

「ぼくのいけんに きまったぞ！ うれしいなぁ」

「ざんねん… でも つぎに できるから いいや」

「うへぇ〜 いやだけど しかたないか」

「いいのに きまったぞ！ やったぁ〜」

みんなで きめたことで たのしく あそぼう

ソーシャルスキルの指導に使えるゲーム30

多数決バトル　ジャンケン編

対象：低◎　中◎　高○
人数：6〜8人　時間：15分

ねらい　多数決を行う／多数決の結果に従う／ルールを理解する

ルール　それぞれのチームに，グー・チョキ・パーのジャンケンカードを配る。「せーの!!多数決」のかけ声で，それぞれのチームで1枚だけバトルに出すカードを指差す。一番，多く指差されたジャンケンカードを戦わせる。はじめに5勝したほうのチームの勝ち。

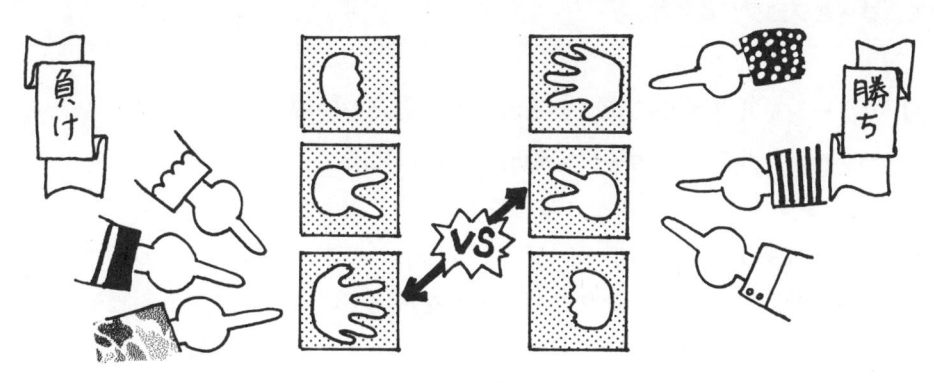

多数決バトル（ジャンケン編）カード

グー　チョキ 　パー

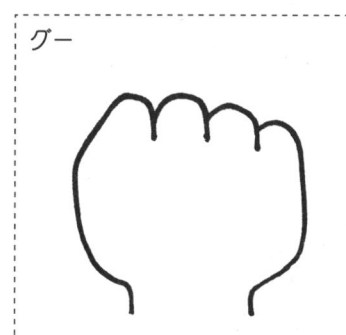

多数決バトル（弱肉強食編）カード

あり　ねずみ　ライオン

ライオン→あり→ねずみ　　あり→ねずみ→ライオン　　ねずみ→ライオン→あり

| 幼　児 | 小学校(低) | 小学校(中) | 小学校(高) | 中学生 |

No.20　ソーシャルスキルってなあに？　⏲20分

　ソーシャルスキルの意味，および，それを学習する意義を学びます。"強引な"くま君，"引っ込み思案の"ひつじ君等のキャラクターのパペットを用いながら，ソーシャルスキルの意味やそれを学ぶ利点を教えていきます。思春期になると，2次的な問題をもちやすくなり，指導に対する動機づけが低くなる場合があります。小学校高学年以降のグループ活動では，指導への動機づけを高めるため，最初に導入すべきプログラムです。

【ねらい】・ソーシャルスキルの意味とそれを学ぶ意義を理解する
　　　　　・ソーシャルスキル指導への動機づけを高める

【準備物】「ソーシャルスキル（人とうまくやるコツ）」掲示シート／「お得・損」掲示シート／「ソーシャルスキルってなあに？」ワークシート／くま，ひつじ，人のパペット（人形）

【指導の留意点】今回は，モデリングにパペットを用いているが，マンガやビデオなど，子どもの年齢や興味関心に応じて，ソーシャルスキルのイメージがつく教材を用いるとよいだろう。情緒の問題がある子ども，自分の課題を理解できていない子どもの場合は，グループ活動になぜ参加するのか，指導者や保護者が個別的に子どもと話し合うことが必要。

【関連プログラム】←めあてを決めよう

「ソーシャルスキルってなあに？」ワークシート

＜ソーシャルスキルってなあに？＞
名前＿＿＿＿＿＿＿

・ソーシャルスキルとは？

・ソーシャルスキルを学んで，お得なこと

・ソーシャルスキルには，何がある？

指導の展開

スキルの教示①："ソーシャルスキル"の意味

「今日は，ソーシャルスキルについて学びます。みんなは，ソーシャルスキルという言葉を聞いたことはありますか？」「ソーシャルスキル」掲示シートを貼る。

「ソーシャルスキルというのは，英語です。ソーシャルというのは，"社会"とか"人づきあい"という意味です。スキルというのは，"技""やり方""コツ"という意味です。だから，ソーシャルスキルというのは，"人とうまくやるコツ"という意味になります」「人とうまくやるコツ」掲示シートを貼る。

⇩

モデリング：物を借りる際の3場面を提示

「今から，くま君，ひつじ君，アスカ君の3人がそれぞれボールを借りる場面を見てもらいます。」
くまは強引，ひつじは引っ込み思案，アスカは上手なスキルを使うキャラクターとしてモデリング場面を提示。それぞれの場面ごとに，くま，ひつじ，アスカの振る舞い方について子どもの意見を聞く。

場面①くま：「おう！　とっととかせよ！」と強引にボールを奪い取る場面
場面②ひつじ：「…あ…ボ，ボール…いいや」と立ち去る
場面③アスカ：「ねぇ，ボールかして」と，相手の了解を得てから借りる

⇩

スキルの教示②："ソーシャルスキル"の意義を説明

「くま君みたいに強引だったら，乱暴なやつと誤解されたり，ひつじ君みたいに引っ込み思案だったら，楽しく遊べなかったりして，どちらも"損"をしてしまいますね。これに対して，アスカ君のように上手に"かして"と言うとよいですね。この"かして"というのが，ソーシャルスキルです。ソーシャルスキルが使えると，いろんな"お得"なことがあります。」

「お得・損」掲示シートを提示。お得："友だちと仲良くできる""先生やおうちの人に怒られなくてすむ""自分のことをわかってもらえる"　損："友だちとケンカになる""先生から怒られる""自分のことをわかってもらえず，いやなやつだと誤解される"等，具体的に板書する（掲示シートを貼る）。

⇩

まとめ：ワークシートを用いる，今後の指導への動機づけを高める

ワークシートを配り，ソーシャルスキルの意味と利点を記入させる。
「ソーシャルスキルというのは，人とうまくやるコツという意味で，これを学ぶと，友だちと仲良くなれたり，先生に怒られなくてすんだりして，とてもお得だということでしたね。これから，グループ活動では，いろいろなソーシャルスキルを勉強していきます。先生は，たくさんのソーシャルスキルを身につけましたが，みんなは，いくつ身につけられるかな。1つ1つしっかり学んでいきましょう。」

| 幼児 | 小学校（低） | 小学校（中） | 小学校（高） | 中学生 |

No.21　わかりやすく伝えよう　40分

　ブロックの構成を伝えるというゲームのなかで，相手の視点に立ちながら，わかりやすい言葉で伝えることを学びます。相手にわかりやすく伝えることは，仲間との関係を築いたり，コミュニケーションを行ったりする上でとても大切です。言語表現が苦手であったり，相手の視点に立つことができなかったりする子どもたちに必要なスキルです。

【ねらい】・相手の視点に立つ
　　　　　・わかりやすく伝える
【ゲーム】レゴの伝達／リモコンおにごっこ
【準備物】「レゴの伝達」掲示シート／レゴブロック／ついたて／ふりかえりシート
【指導の留意点】言葉での表現が苦手な子どもたちには，ブロックの種類，位置や置き方などの言い方を，あらかじめ教えておく。ＡＤＨＤなど衝動性の高い子どもには，うまく伝えられないときイライラすることがあると事前に伝え，イライラを認知しコントロールするよう見通しをもたせる。レゴの構成は，子どもの年齢や理解力に応じて，難易度を調整する。
【関連プログラム】→相手の気持ちになってみよう　→こころを読めますか？

ソーシャルスキルの指導に使えるゲーム31

レゴの伝達

対象：中○　高◎　中学◎
人数：2～8人　時間：30分

ねらい　相手の視点に立つ／わかりやすく伝える／協力する／イライラを我慢する

ルール　ペアになり，間についたてを立てて向かい合わせに座る。伝える人が見本となるレゴの構成を言葉だけで伝え，作る人がそれを聞き，レゴで同じ構成を組み立てる。作る人は見本を見ることはできないので，伝える人は，作る人の視点で丁寧にわかりやすく伝えることが必要となる。途中，作る人と伝える人は交代する。事前に，自分の「右・左」「手前・奥」は相手にとって逆になることを教示しておく。また，うまく伝わらないとイライラすることも説明し，見通しをもってゲームに参加させる。

指導の展開

導入：レゴの伝達のルールを説明

「今日は，レゴの伝達というゲームをします。人にわかりやすく伝えるということは難しいことです。今日は，このゲームでわかりやすく伝える練習をします」ゲームのルールを説明する。

⬇

スキルの教示：「相手の見え方を考える」の意味を教える

「レゴの構成をわかりやすく伝えるためには，作る相手の見え方を考えて伝えなくてはなりません。"相手の見え方を考える"とはどういうことかわかりますか。」
指導者の「右・左」「手前・奥」が，向かい合う子どもにとっては逆になることをわかりやすく説明し，相手の見え方を考えて伝えることの必要性を理解させる。また，「レゴの伝達」掲示シートで，ブロックの種類や位置などの言い方を教える。

⬇

ゲームでの実践：レゴの伝達

「それでは，ゲームを始めましょう。今学んだように"相手の見え方を考えて"，相手にわかりやすく伝えてくださいね。」ゲーム中，「その言い方，わかりやすい」と肯定的に評価。うまく伝えられない子どもには，伝え方のヒントを出したり相手に質問するように促したりする。

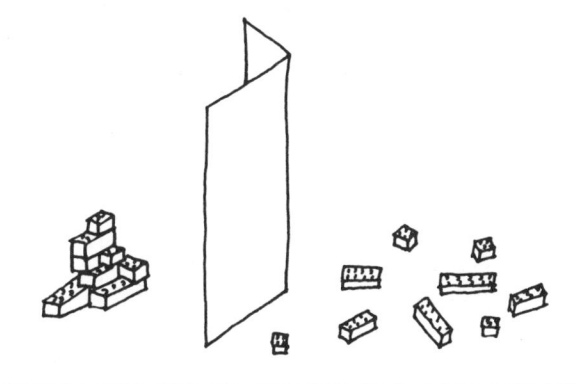

⬇

般化：今後の指導につなげていく

日常でも，人に何かを伝えるときには，相手の視点を考えながら，わかりやすく伝えることが大切であると教える。また，次回以降のグループ活動のなかでは，相手の視点だけでなく，気持ち，考えなども具体的に教えたり，その都度フィードバックしたりして，気づかせていく。

「レゴの伝達」掲示シート①

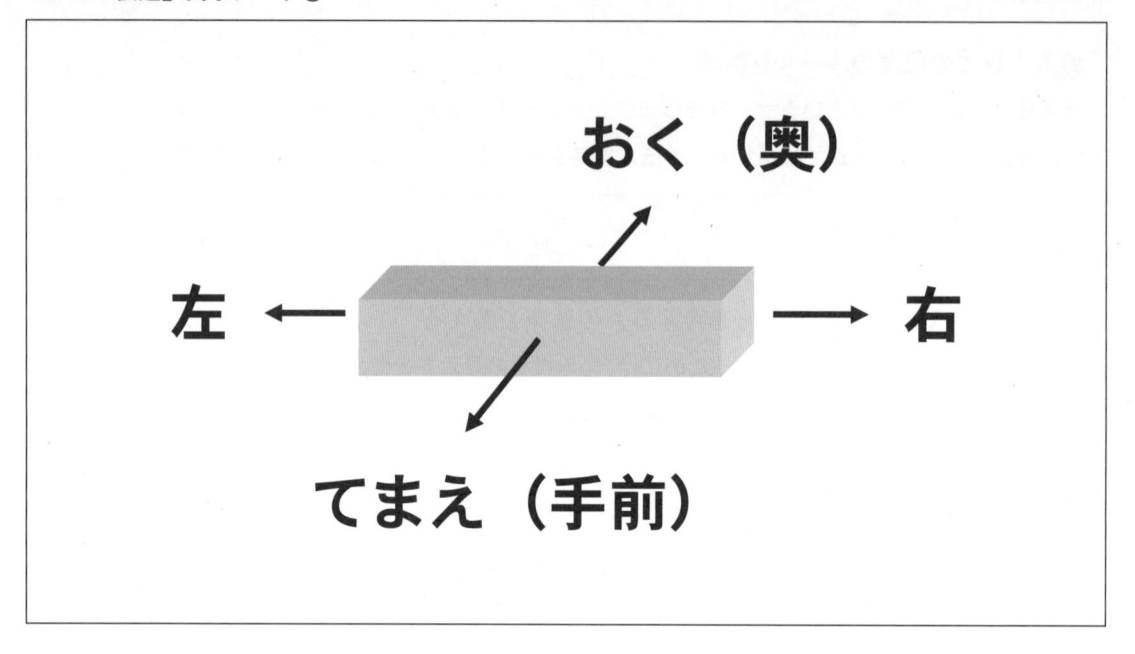

おく（奥）
左 ← → 右
てまえ（手前）

「レゴの伝達」掲示シート②

色	長さ	高さ	向き
赤	短い（正方形の）ブロック	3段目 / 2段目 / 1段目	たて
青			
黄	長い（長方形の）ブロック		よこ
黒			
白			

「レゴの伝達」掲示シート③

伝え方の例

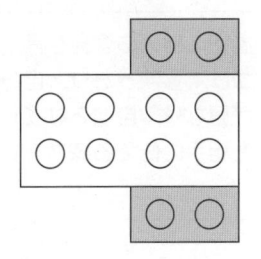

①黒の長いブロックをたてに置きます。
②その上に、白の長いブロックを横向きに置きます。
③黒のまん中に置きますが、白いブロックは右が出るように重ねます。

（伝える人の視点↑）

それでOKのときは・・・「それでいいよ」「ばっちり」「次いくよ」
間違っているときは・・・「ちょっと違うかな」「もう一度、言うね」
イライラしたときは・・・ゆっくり息をすって、落ち着こう
　　　　　　　　　　　　怒らないで説明します

ソーシャルスキルの指導に使えるゲーム32

リモコンおにごっこ

対象：中〇　高◎　中学◎
人数：6～20人　時間：15分

ねらい　相手の視点に立つ／わかりやすく伝える／協力する

ルール　ペアになり、「ロボット」と「動かす人」に分かれる。各ペアの「ロボット」のなかからおにを1人決める。「ロボット」は全員目隠しをして「動かす人」の言う通りに動きながらおにごっこをする。「動かす人」は「ロボット」の横について「少し右，そのまままっすぐ…」などと言葉で動きを説明するが，身体に触って向きを教えるなどしてはいけない。おにが誰かにタッチをしたら，おにを交代する。途中で「ロボット」と「動かす人」は交代する。

| 幼児 | 小学校(低) | 小学校(中) | 小学校(高) | 中学生 |

No.22　提案しよう　⏰20分

> ものの利用法を自由に考え，みんなに提案していくゲームを通して，適切に自分の意見を言うことを学びます。子どもによっては，周りの反応が見えず自分の意見を押しつけてしまったり，自分の意見を言えなかったりし，そのために自分の意見がうまく伝わらない経験が重なり，自信をなくしてしまうことがあります。ここでは，提案の仕方を学び，適切に自分の考えを相手に伝える練習をしていきます。

【ねらい】・話し合いで自分の意見を適切に提案する
　　　　　・「～はどうかな？」「～でいい？」などの提案の言い方を知る

【ゲーム】いろんな利用法

【準備物】「提案しよう」掲示シート／「提案の言い方」掲示シート／ゲームで使うもの

【指導の留意点】話し合いスキルの1つなので，「みんなで決めよう」をはじめに実施しておくことが望ましい。提案する言い方にはいろいろなものがあるが，「～はどうかな？」を基本にして指導していく。意見に同意や賛成するときの言い方「OK」「いいね」「賛成です」も説明する。

【関連プログラム】←みんなで決めよう　→上手な聴き方　→大事な意見は？

「提案しよう」掲示シート

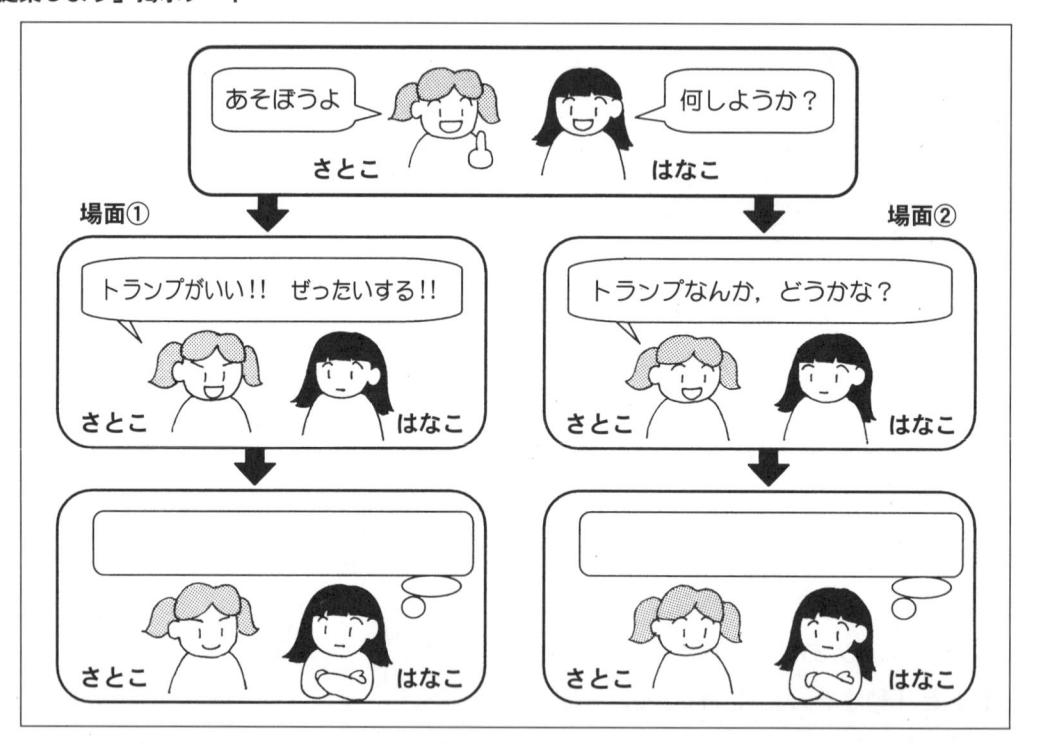

```
┌─────────────────────────────────────────────────┐
│        ［あそぼうよ］さとこ　　はなこ［何しようか？］        │
│                  ↓                    ↓              │
│        場面①                          場面②         │
│  ［トランプがいい!! ぜったいする!!］  ［トランプなんか，どうかな？］│
│        さとこ　はなこ                  さとこ　はなこ   │
│                  ↓                    ↓              │
│  ［　　　　　　　　　　　］          ［　　　　　　　　　　　］│
│        さとこ　はなこ                  さとこ　はなこ   │
└─────────────────────────────────────────────────┘
```

指導の展開

導入：今日のテーマについての説明
「今日は『いろんな利用法』というゲームをします。あるものをどんなふうに使ってもいいとしたら，どんな使い方があるかみなでアイディアを出し合うゲームです。大事なのは，上手な提案の仕方をすることです。どんな提案の仕方がいいのか考えてみましょう。」

⇩

モデリング：うまくいっていない話し合い場面の提示
「提案しよう」掲示シートを黒板に貼り，2つの場面を指導者がモデリングする。
「さとこの提案の仕方はうまくいってるかな？　はなこはどんな気持ちになるかな？」
掲示シートにはなこの気持ちを書き入れる。どちらの言い方がよかったか考えさせる。

⇩

スキルの教示：上手な提案の仕方を示す
「さとこの提案の仕方は一方的だから，はなこはいやになってしまいますね。自分の意見を提案するときにも上手な言い方をしたほうがいいのです。例えばこんな言い方はうまくいきそうです。」
・"○○がいいと思うけど，どうかな？"と書かれた「提案の言い方」掲示シートを黒板に貼る。

⇩

ゲームでの実践とフィードバック：「いろんな利用法」を行う
いろんな利用法のゲームを行う。チーム対抗でより多くアイディアを出せたほうが勝ちという形式にしてもよい。ゲーム中や終了後に，提案の仕方が上手にできていたところを評価する。

⇩

定着化と般化：今後も継続的に指導していく
ゲーム以外の話し合い場面で提案の仕方を意識させる。自由遊びでも，ルールやチームを決める話し合いでスキルが使えているか注意して声をかけていく。

ソーシャルスキルの指導に使えるゲーム33

いろんな利用法	対象：中◎　高◎　中学○
	人数：4～8人　時間：10分

ねらい　提案する／同意する／創造的思考

ルール　2グループに分かれ，あるもの（何でもよい）の利用法をできるだけ多く考えて挙げる。1つの利用方法につき1点になり，グループで点数を競う。危険な利用法はマイナス1点になるので，グループのメンバーは，「OK」「うん，いいよ」などと同意しなければならない。（例）ザルの利用法：ぼうし／買い物かご／サッカーのボール／フリスビーにして遊ぶ等

| 幼児 | 小学校（低） | 小学校（中） | 小学校（高） | 中学生 |

No.23　上手な聴き方　35分

> 上手に"話を聴く"ことは，学校場面や友だち関係で頻繁に求められるスキルですが，軽度発達障害の子どもには苦手なスキルです。子どもが学びやすいように，"相手を見る""相手が話し終わるまで待つ""うなずく，あいづちをうつ"といった具体的行動を教え，練習させていくことがポイントになります。仲間同士でいろいろな出来事や相手の趣味などをインタビューし合うことを通じて，話の聴き方を練習していきます。夏休みや冬休みの後など，自然に話題が膨らみそうな時期に行うとよいでしょう。

【ねらい】・話し合いで相手の話を上手に聴く
　　　　　（"相手を見る""相手が話し終わるまで待つ""うなずく，あいづちをうつ"）

【ゲーム】インタビューゲーム／他己紹介

【準備物】"見る""待つ""うなずく，あいづちをうつ"が書かれた掲示シート／「質問のポイント」掲示シート／「相手の聴き方チェック」ワークシート

【指導の留意点】言語能力や年齢，対人的な関心の度合いによっては，質問が思い浮かばなかったり，内容のずれた質問をしてしまったりすることがある。あらかじめ，聴くべき項目をワークシートにして用意しておくなどの工夫が必要。本プログラムでは子ども同士で評価し合うが，客観的に評価することが難しかったり，注意の問題から相手の行動にうまく注目できなかったりする子どもがいる場合は，評価は先生が行うとよい。

【関連プログラム】←見る修行　←話を聞くときは？　←提案しよう　→大事な意見は？

ソーシャルスキルの指導に使えるゲーム34

インタビューゲーム	対象：低〇　中◎　高◎　中◎
	人数：2～6人　時間：10分

ねらい　相手の話を聴くスキルを習得する／仲間のことを知る

ルール　ペアになり，テーマに沿ってインタビューを行う。時間がきたら交代する。3人組にして，上手に聴けているかチェックをする役割をつくってもよい。テーマ例（夏休みに楽しかったこと，ぼくの趣味等）

指導の展開

導入：今日のテーマについての説明
「みなさん，夏休みは楽しかったですか？　今日は，お互いに夏休みのことをインタビューしてもらいたいと思います。」「上手にインタビューするにはどうしたらいいでしょうか。」

⇩

モデリング：下手な話の聴き方の場面の提示
インタビュー場面で，①相手のほうを見ない　②相手の話が終わるまで待たないで話す　③うなずかない・あいづちがない，のそれぞれの場面について，指導者がモデリング場面を提示して見せる。それぞれどこがいけなかったか，どうすればよかったか，インタビューされた人はどんな気持ちになったかについて子どもたちに聞く。

⇩

スキルの教示：話を聴くスキルのポイント，意義の説明
子どもの意見を取り入れながら，ポイントとなるスキルを確認し，"見る""待つ""うなずく"のポイントを黒板に貼っていく。「相手から話を聴くときの上手なやり方のポイントがわかったね。"見る""待つ""うなずく・あいづち"だよ。」「これをしないと，相手から話を聞いてもらっていないと思われたり，いやなやつだな〜と思われたりしちゃうね。」とスキルの意義を伝える。

⇩

ゲームでの実践：インタビューゲームで練習する
「インタビューゲーム」を行う。"見る""待つ""うなずく，あいづち"３つのポイントに気をつけて，インタビューするように話し，インタビューゲームを始める。ゲーム中に，３つのポイントができている人には，「よく相手を見られているね。」などと即時に評価する。できていない人には横でポイントを意識できるよう声かけをしたり，スキルのシートを指差したりして促す。
また，話す人は，話し終わったら，相手がしっかり聴けていたかどうか「相手の聴き方チェック」ワークシートで子ども同士で評価してもらう。指導者も，子どものよかった点を取り上げ評価する。

⇩

定着化と般化：今後の指導につなげていく
３つのポイントを守って話を聞いてもらうとどんな気持ちがしたかについて問いかけ，スキルの大切さを再度教示する。一連の話し合い関連のプログラムを実施する際に，その都度，相手の話を聴く３つのポイントを確認したり，できているかどうかフィードバックしたりしていく。

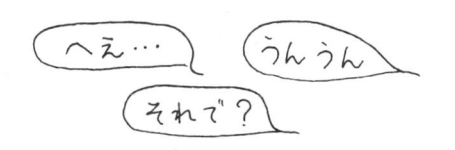

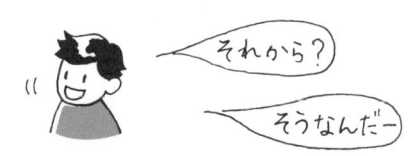

ソーシャルスキルの指導に使えるゲーム35

他己紹介	対象：中○　高◎　中学◎
	人数：2～6人　時間：10分

ねらい　相手の話を聴くスキルを習得する／仲間のことを知る

ルール　①ペアになる　②5分交代くらいでお互いに自己紹介し合い，相手に質問をしてさらに詳しく聞いてみる　③みんなの前で，相手になりきって自己紹介する　相手の自己紹介を聴くとき，質問をするときに，話を聴くスキルをつかうように促す。

ぼくの名前は おかだ です
好きな のりものは バイク です

すきな 動物は ネコ です

「質問のポイント」掲示シート

こんなことを聞いてみよう

何をした？
いつですか？
場所はどこ？
だれとした？
どうやってやったの？
○○をもっとくわしく教えて。
どう思った？

☆あいてを見る
☆うなずく・あいづち
☆まつ

「相手の聴き方チェック」ワークシート

上手に聴(き)けたかな？

あなたの名前 ＿＿＿＿＿＿＿＿＿＿　　話を聴いてくれた人 ＿＿＿＿＿＿＿＿＿＿

一番，ぴったりのところに　○をつけよう

○　相手を見る

まったく できなかった	すこし できた	だいたい ＯＫ	じょうず だった	とても じょうず

○　話し終わるまで待つ

まったく できなかった	すこし できた	だいたい ＯＫ	じょうず だった	とても じょうず

○　うなづく，あいづちをうつ

まったく できなかった	すこし できた	だいたい ＯＫ	じょうず だった	とても じょうず

集団行動　セルフ　仲間関係　コミュ

| 幼 児 | 小学校(低) | **小学校(中)** | **小学校(高)** | **中学生** |

No.24　感情ぴったんこ　40分

　軽度発達障害の子どもは，自分の気持ちをうまく表現できずにパニックになったり，自分の気持ちを抑えられず騒ぎ立てたりするなど，感情に関する困難がよく見られます。そこでゲームを通して，自分の気持ちを言葉で表現する，仲間に気持ちを考えてもらうといったこころが通じ合うあたたかい人間関係の体験が有効です。仲間関係をより深めるのに役立つプログラムですが，自分の内面を出すことが求められたり，仲間のことを知っている必要があるので，ある程度グループの信頼感が高まった頃に行うのがよいでしょう。

【ねらい】・自分の気持ちを，言葉にして表現する
　　　　　・仲間の気持ちを推測する
　　　　　・仲間に自分の気持ちをわかってもらう経験をする

【ゲーム】感情ぴったんこクイズ

【準備物】「感情ぴったんこ」ワークシート

【指導の留意点】子どもにとって「悲しい」「怒った」などの否定的な感情よりも，「うれしい」「楽しい」などの肯定的な感情のほうが表現したり共感しやすい。そのためグループによっては，まずは肯定的感情のエピソードに限定し，次第に否定的感情のエピソードに広げるとよい。情緒の問題が大きかったり，グループのなかで安心感・信頼感を感じられていない子がいる場合には実施するかどうか慎重に判断する必要がある。

【関連プログラム】←いろんな気持ち　←わかりやすく伝えよう　→気持ちの温度計

ソーシャルスキルの指導に使えるゲーム36

感情ぴったんこクイズ	対象：中○　高◎　中学◎
	人数：3～10人　時間：30分

ねらい　感情の認知と表現／他者の感情の推測／共感する

ルール　出題者の気持ちを推測して当てるクイズ。典型的な感情を表す言葉6～10個程度を黒板に書く。子どもはそのなかから最近感じた気持ちとそのときのエピソードをワークシートに記入する。それぞれ出題者になり，エピソードを発表。他の人は，その人がそのときどんな気持ちだったのかを想像し答える。まず，指導者が出題者になり，やり方を示すとよい。

指導の展開

導入：感情ぴったんこクイズの説明

「気持ちを表す言葉は，たくさんありますよね。」子どもたちに感情語を聞き，出たものを板書する（うれしい／悲しい／怖い／ドキドキ等）。類似する感情語をひとまとまりにする（うれしい・楽しい／イライラ・怒る等）。「今日は，感情ぴったんこクイズをします。先生が最近あったことを発表します。みんなは，先生がどんな気持ちになったか当ててください。」先生が出題者になり，クイズを出しルールを理解させる。エピソードを発表し，子どもたちに黒板の感情語のなかから，答えを選ばせる。

⇩

ゲームでの実践：感情ぴったんこクイズ

周りの仲間に見られないように「感情ぴったんこクイズ」ワークシートに記入する。場面を思い浮かべられなかったりエピソードをうまく文章にできない子には個別に援助する。1人1人出題者になり，クイズを行う。指導者は，子どものエピソードと感情について，共感的に扱っていく。

⇩

般化：日常でも感情表現ができるように教示する，家庭や学校の協力を得る

「自分の気持ちを言葉にすることは，難しいよね。でも，楽しかったり，うれしかったりしたことを仲間に伝えてわかってもらえるとすごくうれしくなるよね。悲しかったり怒ったりしたことは，とてもいやなことだけど，それも誰かに話してわかってもらえると，ちょっとこころが軽くなったりします。」

ゲームを通して子どもたちが感じたあたたかい気持ちを確認し，気持ちを表現しわかってもらうことのよさを教示する。日常生活での自分が気持ちを言ってわかってもらえた経験などを出し合い話し合う。

家庭や学校でも積極的に気持ちを聞き，共感的に扱うように協力してもらう。

「感情ぴったんこクイズ」ワークシート

感情ぴったんこクイズ　　　名前＿＿＿＿＿＿＿＿＿

1．どんな気持ち？（答え）

2．そのときのエピソード（問題）

| 幼児 | 小学校(低) | 小学校(中) | 小学校(高) | 中学生 |

No.25　協力してやりとげる　　40分

　学年が上がるにつれ，子どもたちだけで協力して課題に取り組む機会が増えてきます。ここでは，ジェスチャーゲーム（ペアによるジェスチャーで，何をしているか当てるゲーム）の事前練習を通して，人と協力することを体験していきます。人との関わりが一方的であったり，受身的であったりする子どもに有効なプログラムです。

【ねらい】・相手と意見を合わせる
　　　　　・相手と動きを合わせる
　　　　　・人と協力して目的を達成する

【ゲーム】協力ジェスチャーゲーム／協力ジェンガ

【準備物】ジェスチャーゲームのネタ（スポーツの種目や職業など）カード／ジェスチャーを練習する部屋（ペア分）／ジェンガ

【指導の留意点】コミュニケーションの力，障害特性，相性などを考慮し，ペアの組み合わせに配慮する。指導者は，各ペアのジェスチャーの練習に入り，協力して練習できるように指導する。

【関連プログラム】←仲間と動きを合わせよう　←みんなで決めよう　←提案しよう　→子どもプロデュース

ソーシャルスキルの指導に使えるゲーム37

協力ジェスチャーゲーム

対象：低○　中◎　高◎　中学◎
人数：4〜8人　時間：30分

ねらい　相手と意見を合わせる／相手と動きを合わせる／人と協力して目的を達成する

ルール　ペアごとで順にジェスチャーを行い，他のペアは何をやっているかを当てる。制限時間内にみんなで，いくつ当てられるか記録に挑戦するゲーム。

事前準備：①各ペアにジェスチャーのネタカードを配る。②ペアごとに分かれて配られたジェスチャーの練習をする。③全体で集まり，ジェスチャーをする順番を決めて，ゲーム開始。

①ジェスチャーカードを配る　　②ペアごとに練習　　③みんなの前でジェスチャー

指導の展開

導入：協力ジェスチャーゲームの説明
ゲームのルールを指導者が，実際にやってみせて説明する。「言葉を使わずに，ジェスチャー（身振り手振り）だけで，何かを伝えるのですから，2人の協力と練習が重要です。」
子どもたちを2人1組にして，ペアごとにジェスチャーのネタカードを3～5枚程度，配る。

⇩

モデリングとスキルの教示：協力するためのポイントの説明
「これから，ペアごとにジェスチャーの練習をしてもらいます。ただ，練習する際に，注意しなければいけない点があります。」"意見を合わせる""動きを合わせる"について，子どもたちがつまずきそうな場面を指導者がモデリングして提示し，具体的に教えていく。

⇩

リハーサル：協力ジェスチャーゲームの事前練習を通して，"協力してやりとげる"を練習
ペアごとに練習できるようなスペースを確保し，ジェスチャーの練習する。指導者は，各ペアを見回り，協力して行うように促す。また，意見や動きを合わせていたら即座に評価する。

⇩

ゲームでの実践：協力ジェスチャーゲームの本番
ペアごとに横一列に座らせ，ルールを説明。ゲームを実施。

⇩

ふりかえりと定着化：全体でふりかえり，今後の指導につなげる
各ペアについて，協力するポイントがうまくできていたことを具体的に取り上げ，みんなに紹介する。今後の指導では，継続的に協力していく課題を組み，スキルの定着化をはかる。

ソーシャルスキルの指導に使えるゲーム38

協力ジェンガ	対象：低〇 中◎ 高◎ 中学〇
	人数：2～8人　時間：15分

ねらい　意見を言う／意見を聴く／折り合いをつける／相手の動きを合わせる

ルール　ペアになり，ジェンガを行う。ジェンガを抜いて，上に置くときには，人差し指1本しか使えない。ペアで協力して，ジェンガを抜き，上に運ぶということをしなければならない。

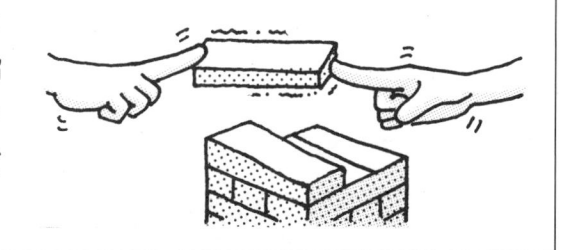

| 幼児 | 小学校(低) | 小学校(中) | 小学校(高) | 中学生 |

No.26　私とあなたの共通点　⏰20分

　仲間と関わるきっかけをつかんだり，仲間と共有できる話題を見つけたりするためには，お互いの共通点や相違点を見つけ出す必要があります。しかし，対人意識の薄い子どもたちは，自分自身や仲間の特徴に目を向けられないため，うまく見つけ出すことができません。ここでは『共通点探し』というゲームを楽しみながら，お互いの共通点や相違点に気づき，受け入れることを学びます。

【ねらい】・自分と仲間の共通点や相違点に気づく
　　　　　・自分の特徴，仲間の特徴を受け入れる
【ゲーム】共通点探し
【準備物】「同じところ・違うところ」ワークシート
【指導の留意点】仲間づくりをねらいとして年間指導の始めに実施してもよい。実施の際には，共通点の多そうな相手とペアにさせる。子どもたちは年齢が上がるとともに，外見や持ち物といった人の外面的な特徴から，得意なことや性格といったより内面的な特徴を意識するようになっていく。そのため，ゲームの説明のときは年齢や発達のレベルに合わせた例を示すことが大切。
【関連プログラム】←みんなで決めよう　→仲間のことを知る　→自分を表現する

「同じところ・違うところ」ワークシート

同じところ・違うところを探そう

（名前　　　　　　　　　　）（相手の名前　　　　　　　　　　　）

同じところは？	違うところは？

ヒント：学年，性別，都道府県，好きな食べ物，習い事，テレビ等…

指導の展開

導入：共通点探しのルールとポイントの説明

「今日は，自分自身と相手の同じところ，違うところを見つけて書いていく『共通点探し』というゲームをします。次の３つのポイントに注意するとうまくできますよ。」

自分の特徴を言う，相手はどうか聞いてみる，同じ／違うところに書くの手順を教示，板書する。

⬇

モデリング：指導者がモデルとなり共通点・相違点をたくさん出してみる

「今の３つのポイントに注意して，私（A先生）とB先生がやってみます。よく見ていてくださいね。」
A先生：「ぼくは水泳が得意なんだけれど，Bさんは？」 B先生：「ぼくはあまり泳げないんだ。違うところだね。」（紙に書く） B：「それじゃあ，好きな食べ物は？ ぼくはカレーが好き。Aさんは？」 A：「ぼくもカレーが好き。同じだね。書こう！」（紙に書く）

⬇

ゲームでの実践：共通点探しを行う

「それでは，ゲームを始めましょう。時間内に多くの共通点・違う点が見つけられたペアが勝ちです。」

終了後，ペアごとにどんな共通点，相違点が見つけられたか発表してもらう。指導者は，どんな特性が出ても，肯定的に受け止め，個性として尊重する。この姿勢を子どもたちに示す。

⬇

まとめ：個性についての説明，個人の魅力や個性について焦点を当てる

「誰でも，人と同じところ，違うところをたくさんもっています。こういうのを個性と言います。」
子どもたち１人１人の特徴を具体的に挙げ，それぞれのよさを伝える。また，他の人と相違点があることは当然であることにも触れる。みんな１人１人，個性的で魅力的であることを伝える。

ソーシャルスキルの指導に使えるゲーム39

共通点探し	対象：低〇　中◎　高◎　中学〇　人数：４〜10人　時間：15分
ねらい	自分と仲間の共通点・相違点に気づく／自分の特徴，仲間の特徴を受け入れる
ルール	ペアになる。お互い質問をし合いながら，いろいろな特徴（性別，学年，好きな食べ物，得意なことなど）について共通点，相違点を見つけ，紙に記入していく。「男同士」「いっしょにグループ活動をしている」など共通点・相違点はどんな些細なことでもOK。制限時間内に最も多くの共通点，相違点を見つけられたペアが勝ち。ゲームの後，１組ずつ前に出て発表する。仲間同士でやりとりができる子どもの場合には，３人以上のグループになって行ってもよい。

| 幼児 | 小学校(低) | 小学校(中) | 小学校(高) | 中学生 |

No.27　仲間のことを知る　　25分

> 仲間に目を向け，仲間がどのような人であるのかを知ることは，友だち関係を築いていく上で大切なことです。しかし，対人意識の薄い子どもたちの場合，友だちへの関心が育ちにくく，名前などの表面的なことにとどまりがちです。仲間○×クイズというゲームを通して，仲間への注目を促し，仲間のことを知る楽しさを教えます。

【ねらい】・仲間の特徴を知る
　　　　　・仲間との親和性を高める

【ゲーム】WANTED（ウォンテッド）!!　この人，探しています／仲間○×クイズ

【指導の留意点】グループの仲間関係がある程度深まった時期に実施するとよい。指導者は，子どもの特徴について，「料理が得意なんだね。すごい。」などと肯定的にコメントしたり，「○君と同じで，電車のことすごく詳しいんだよ。」と仲間同士の共通点を強調したりする。グループのなかで，子ども同士の個性が受け入れられるような雰囲気をつくるように配慮する。自分自身に関するクイズは，自分で作らせても，指導者が準備してもよい。自分で作らせる場合は，仲間にとって適切な内容と難しさになるよう個別に援助する。

【関連プログラム】←名前を覚える　←私とあなたの共通点　→自分を表現する

ソーシャルスキルの指導に使えるゲーム40

| WANTED（ウォンテッド）!!　この人，探しています | 対象：低○　中◎　高◎　中学○　　人数：4人以上　時間：30～60分 |

ねらい　仲間に目を向ける／仲間の特徴に気づく

ルール　みんなでウォンテッドシートに自分の特性，似顔絵などを書く。それらを回収し，全員分のウォンテッドシートを黒板に掲示する。子どもたちは，それらを見て回り，それぞれ誰のことかを推測し，解答シートに名前を記入する。答え合わせのときは，指導者は1人1人のウォンテッドシートを読み上げ，それぞれの子どもの特性に関心をはらい，肯定的なコメントをしていく。

ウォンテッドシート：趣味，はまっていること，お勧めのテレビ番組，得意な勉強，苦手なこと，似顔絵等を記入できるようなフォーマットをあらかじめ作っておく。名前は書かない。

ソーシャルスキルの指導に使えるゲーム41

仲間○×クイズ

対象：低○　中◎　高◎　中学◎
人数：3人以上　時間：10～20分

ねらい　仲間の特徴を知る／仲間との親和性を高める

ルール　グループのメンバーについての○×クイズを作成する（子どもに作らせてもよい）。指導者（子ども本人）が，1題ずつクイズを出題し，他のみんなは，それが正しいと思えば○，間違っていると思えば×のコーナーに移動する。

指導の展開

導入：今日のテーマとゲームのルール説明
「みんな，クラスの友だちのことをいろいろ知っていますか。今日は，友だちのことをもっと知るために，『仲間○×クイズ』というゲームをします。クイズをよく聞いて答えながら，友だちがそれぞれどんな人か探ってみましょう。」ゲームのルールについて説明をする。

⇩

ゲームでの実践：「仲間○×クイズ」
「それではゲームを始めましょう。」ゲーム中，指導者は，問題に正解できたかどうかよりも，子どもの特徴について焦点を当て，肯定的にコメントしていく。

⇩

フィードバック：ゲームのふりかえりと今後の仲間関係について
「今日は，仲間のことがたくさんわかりましたね。自分の知らなかったことも知ることができてよかったですね。友だちのことをいろいろと知っていると，たくさんおしゃべりができたり，いっしょに遊べたりして，これまで以上にみんなと仲良くなれます」仲間のことをよく知ることは，友だち関係を作り，維持していくために大切であることを教示する。日常的に指導者は，子ども同士が同じ話題や興味関心を共有できるように，仲介役となるように心がけるとよい。

| 幼　児 | 小学校(低) | 小学校(中) | 小学校(高) | 中学生 |

No.28　自分を表現する　45分

　日常生活のなかでさまざまな失敗経験を重ねる子どもたちは，自信をなくしたり，低い自己イメージをもったりしがちです。できないことや苦手なことに取り組むためには，自分のよいところ，苦手なところ両方に気づき，自分の特性として受け入れていくことが必要です。ここでは，自分のよいところなど自分の特性をポスターにすることで，自分自身を肯定的に見られるよう促します。学期末や学年末などに，まとめの課題として行うとよいでしょう。

【ねらい】・自分の特性（長所・短所・興味関心・得意なこと・苦手なこと等）に気づく
　　　　　・自分の特性を受け入れる
【ゲーム】自分ポスターコンテスト
【準備物】「自分ポスター」ワークシート／文房具／各賞の評価用シール／各賞の勲章
【指導の留意点】学期末や学年末などに，まとめの課題として活用する。自分のよいところをなかなか挙げられない子どもには，指導者がヒントを与え，子どもに気づかせていくとよい。
【関連プログラム】←私とあなたの共通点　←仲間のことを知る

指導の展開

導入：「自分ポスターコンテスト」の説明

「今日は，『自分ポスター』を作ります。人には，得意なこと，苦手なこと，好きなこと，はまっていること等，いろいろな特性があります。みなさんにもたくさんあると思います。今日は，そういった自分の特徴を書いた，自分ポスターを作ります。自分のことをみんなに知ってもらいましょう。」

⇩

ゲームの実践：「自分ポスターコンテスト」

「自分ポスター」作りを行う。事前に指導者が自分ポスターの見本を作り参考にさせる。作品ができ上がったら黒板に掲示し，コンテストを行う。コンテストの際には「きれいなポスターで賞」「おもしろい人で賞」「こんなところがあってびっくりしたで賞」などを設け，最後に授賞式を行う。

⇩

ふりかえり：自分の特性を肯定的に受け止められるようにフィードバックする

子どもたち1人1人の特性を具体的に挙げ，それぞれのよさを伝える。また，他の人と相違点があることは当然であることにも触れる。みんな1人1人，個性的で魅力的であることを伝える。評価用シールも勲章もポスターに貼り付けて，家庭に持ち帰らせ，家庭でも本人の特性について，肯定的にフィードバックしてもらうとよい。

第Ⅱ章 実践プログラム／No.28 自分を表現する　105

ソーシャルスキルの指導に使えるゲーム42

自分ポスターコンテスト

対象：中〇　高◎　中学〇
人数：4人以上　時間：40分

ねらい　自分のよいところを考える／自尊心を高める／仲間の特性を知る

ルール　各自，自分の特性を表現した「自分ポスター」を作る。作った後，黒板に掲示してみんなでコンテストを行う。「きれいなポスターで賞」「おもしろい人で賞」などの賞を設け，それに対応する評価用シールを子どもに配り，各自で自分以外のポスターを評価しシールを貼っていく。評価用シールが少ないポスターが出ないように，指導者もシールを貼り配慮する。最後に，賞のシールが多い人に，各賞の勲章を授与する。

「自分ポスター」ワークシート

自分ポスター

- 名前
- 自分の顔
- 学年
- 住んでいる所
- 趣味，好きなこと
- みんなにおすすめのおかし
- 好きなテレビ
- 得意なこと・苦手なこと
- 今，はまっていること
- みんなに一言

評価用シール

おもしろい人で賞

（お）（お）（お）

勲章

おもしろい人で賞

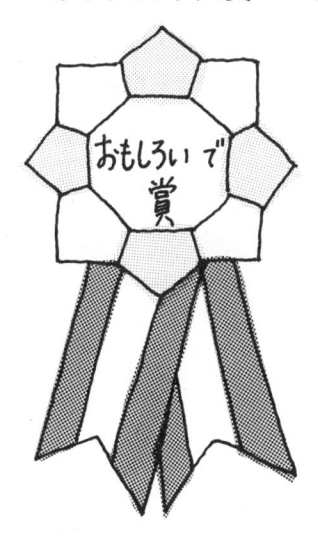

おもしろいで賞

集団行動　セルフ　仲間関係　コミュ

| 幼児 | 小学校(低) | 小学校(中) | 小学校(高) | 中学生 |

No.29　こんなときどうする？　30〜60分

　自分たちの問題をどのように理解し，結果を見通し，解決策をとるか，問題解決のステップに沿いながら，具体的なスキルを学びます。問題解決のステップとは，①問題を理解する，②解決方法をたくさん挙げる，③それぞれの結果を予測する，④一番よい解決方法を選ぶ，⑤練習してみるといった段階があります。いくつか実際の問題を取り上げながら，問題の解決のための考え方を身につけていくように指導することを問題解決トレーニングと言います。子どもたちと困っていること，課題となっていることを話し合い，それを指導のターゲットにすることで，自己理解にもつながります。

【ねらい】・問題解決の考え方を身につける
　　　　　（問題の理解，解決法をたくさん考える，結果予測，一番よい解決法を選ぶ）
　　　　・自分や仲間の具体的な問題について理解し，取り組む

【準備物】「私の困ったこと」ワークシート／「こんなときどうする？」掲示シート／「こんなときどうする？」ワークシート／

【指導の留意点】まずは，先生の困ったことをテーマにして取り組んでいき，2回目以降は子どもたちのテーマを取り上げていくとよいであろう。小学校の低学年や中学年のうちは，指導者が教えるべきテーマを選び，問題点や適切なスキルが発見しやすいように単純な場面をモデリング提示するとよい。解決策も，低学年や中学年では，1，2個程度と少ないほうがよい。高学年や中学生の場合は，なるべく子どもたちの日常での困ったことを提供してもらい，それを話題に進めていくとよい。その際に，グループのなかで助け合う，相手のことを思いやるといった雰囲気がつくられていることが前提となる。

こんな時… クラスの子に傷つくことを言われた！

どうする？
- 何も言わずに黙っている
- 「イヤなこと言わないで！」と言って，そのあと無視する

どうなる？
- しつこく言われる
- 言われなくなる

指導の展開

導入：今日のテーマについての説明
「こんなときどうする？ の時間には，友だち関係や人間関係でみんなが困っていることを話し合って，どう解決すればよいか考えていきたいと思います。今回は，B先生の困ってしまった場面をテーマにしていきます。」

⇩

モデリング：いやなことを言われた場面を提示する
A先生：「お前，ばかじゃねえの？」 B先生：「……」黙って下を向く。
A先生：「へー，ばーか」しつこく言う。 B先生：下を向いて顔をこわばらせる。
B先生は黙ってしまい言い返せないで，しつこく言われてしまう場面を提示する。

⇩

スキルの教示：状況 ⇒ 解決方法 ⇒ 結果の因果関係を説明
「こんなときどうする？」掲示シートの"こんなとき？"の欄に，"「ばかじゃねえの？」と言われた"，"どうする？"の欄に「黙っている」，"どうなる？"の欄に「しつこく言われる」を記入する。状況⇒解決方法⇒結果の流れを理解させる。

⇩

話し合い①：解決方法とそれに伴う結果について考える
子どもたちに，どうしたらよいか解決方法を考えてもらい，意見を聞く。意見は，"どうする？"の欄に書き入れる。
「では，次に，それぞれのやり方でどうなるか，結果を考えてみよう」それぞれの"どうする？"（解決法）に対応する"どうなる？"（結果）を考えてもらい，意見を求める。子どもたちの意見をまとめながら，1つ1つロールプレイングをして，"どうなる？"（結果）について吟味する。導き出された結果は，"どうなる？"の欄に書き入れていく。

⇩

話し合い②：一番よい解決方法は？
「この中で，一番上手くいく方法は何だろうね」掲示シートを見せながら，一番よい結果が伴う解決法を話し合う。複数あってもよい。

⇩

リハーサル：ロールプレイングで練習
子どもを指名し，適切な解決法について先生相手にロールプレイングをしてもらう。なるべく，全員がロールプレイングをして，自分ができる解決法を練習させる。

⇩

> **般化:「こんなときどうする?」ハンドブックの作成と宿題の提示**
>
> 同じような体験をしている子どものエピソードを聞いてみる。いろいろなエピソードについて,どうしたらよいか,今回のプログラムであがった解決方法をもとにみんなで話し合ってもよい。最後に,今回のセッションの適切な解決法①大人に言う ②「いやなこと言わないで」ときっぱり伝える ③無視する,を強調し再教示する。
>
> 宿題として,人間関係で困っていたこと,今困っていることなどを保護者とともに考えてきてもらう。次回,子どもが話題提供者になり,本プログラムと同じステップを通してみんなで考えていったり,適切な解決方法を練習したりする。
>
> 毎回,「こんなときどうする?」ワークシートに清書し直してファイリングしていく。そして,「こんなときどうする?」ハンドブックをグループで作成してもよい。

「私の困ったこと」ワークシート

今までの人間関係や友だち関係で困ったことを考えてこよう? 記入日(月 日)

おうちの人と一緒に考えてきてね　　　　　　　　　名前(　　　　　　　)

何に困ったの?

くわしいエピソード

そのとき,あなたはどうした?

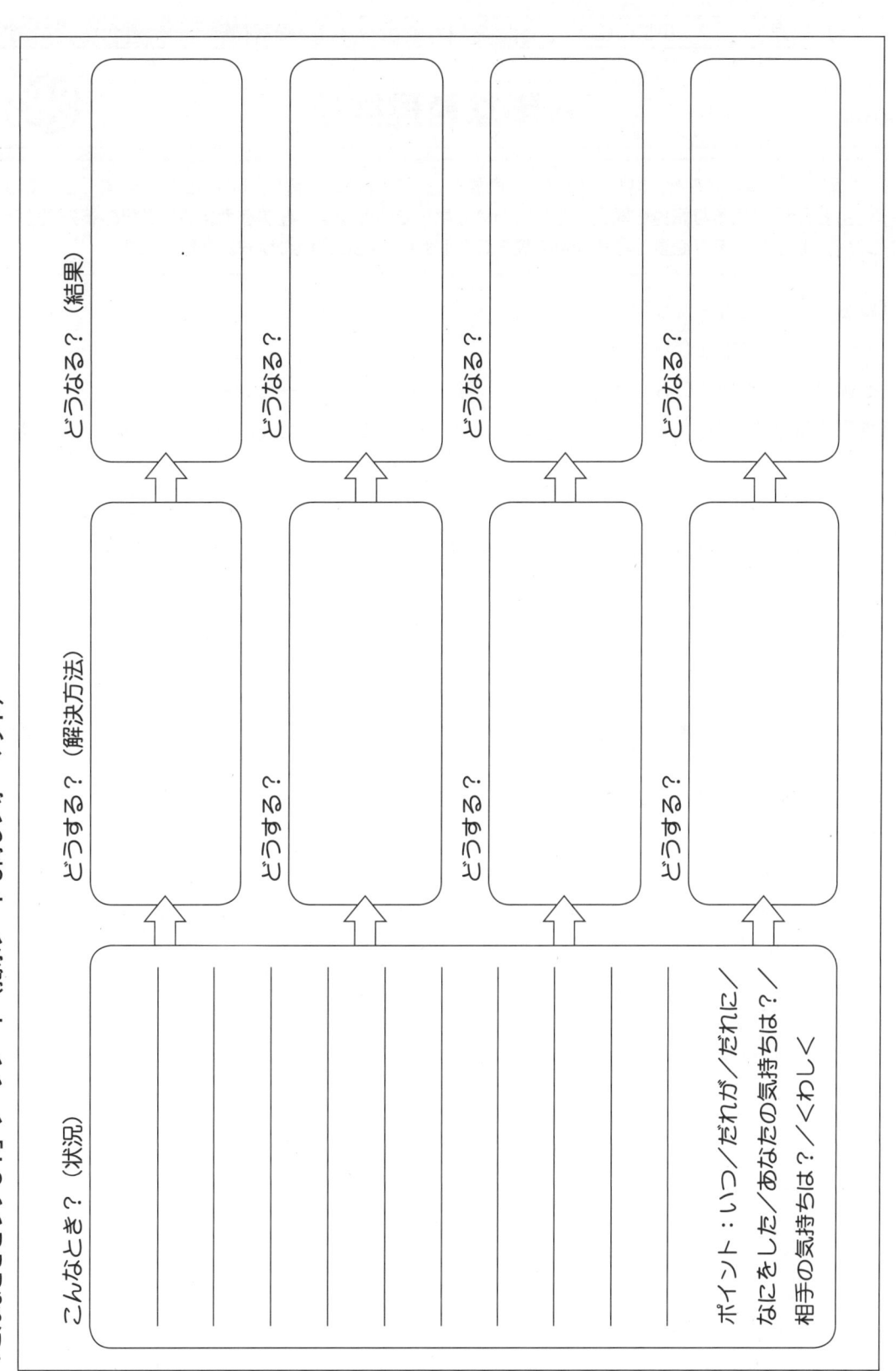

「こんなときどうする？」ワークシート（掲示シートも同じフォーマット）

こんなとき？（状況）	どうする？（解決方法）	どうなる？（結果）
ポイント：いつ/だれが/だれに/なにをした/あなたの気持ちは？/相手の気持ちは？くわしく	どうする？	どうなる？
	どうする？	どうなる？
	どうする？	どうなる？
	どうする？	どうなる？

集団行動　セルフ　仲間関係　コミュ

| 幼児 | 小学校(低) | 小学校(中) | 小学校(高) | **中学生** |

No.30　大事な意見は？　30分

中学生の段階になると，話し合いなどで必要とされるスキルは高度なものになります。ここでは"理由を言う""大事な意見を優先する"について学んでいきます。理由を考える，意見の優先順位をつけるといったことが必要となる「無人島SOS」という話し合いのゲームを行います。

【ねらい】・"理由を言う"
　　　　　・"大事な意見を優先する"

【準備物】「無人島SOS」掲示シート／「無人島SOS」ワークシート

【指導の留意点】"理由を言う"ときの理由は，自分がどうしてもそうしたいからという視点ではなく，相手に受け入れられやすいものや，全体として合理的なものを考えるとよいことを，ルールとして伝える。"大事な意見を優先する"ために，自分の意見を譲らなければならないときがある。それができた場合は，そのことを取り上げて評価していく。他の話し合いスキルができていないと，実施できないプログラムである。

【関連プログラム】←提案しよう　←上手な聴き方　→子どもプロデュース

ソーシャルスキルの指導に使えるゲーム43

無人島SOS

対象：中○　高◎　中学◎
人数：3〜20人　時間：15分

ねらい　意見を言う／理由を言う／大事な意見を優先する

ルール　みんなの乗っていた船が壊れてしまい太平洋の真ん中の無人島にたどり着いた。あと10分で船は沈んでしまう。船に積んであるアイテムを5つだけ運び出すことができる。無人島で生き残り助かるためにはどんなアイテムが必要か？　グループごとに，必要なアイテム5つとその理由も話し合って決めていく。最後に答え合わせをしてもよい。例えば，「カメラのレンズがあれば，虫眼鏡のようにして，日光を使って火をつけることができる。野外ではマッチは湿気ってしまう場合がある」「携帯電話は無人島だから圏外かもしれない」「ライト，ラッパがあれば，船が近づいたときに救助を求められる」など。

指導の展開

導入：今日のテーマについての説明
「今まで，上手な話し合いについて，いろいろと勉強しました。」今までの話し合いプログラムのふりかえりをする。「今回は，多数決やジャンケンで決める以外の方法を学びたいと思います。」

⇩

モデリング：うまくいかない話し合い場面の提示
「今から，A先生とB先生がどのジュースを買おうか話し合いをします。このようなときには，どうやって決めたらよいか考えてください。」
A先生：「ぼくは，オレンジジュースが飲みたいな。どう思う？」 B：「うん，そうか。君はオレンジか。ぼくは，コーラがいいんだが」 A：「困ったな，オレンジにしない？」 B：「え～，どうしよう」 AとB：「こっちがいい」「いや，こっちにしようよ」，結論が出ない。
提案している，相手の話を上手に聴いているのにうまくいかない。なぜうまくいかないのか，どのようにして決めていったらよいのかを子どもたちに意見を聞き板書する。

⇩

スキルの教示：“理由を言う”“大事な意見を優先する”を教える
子どもたちの意見を取り入れながら，“理由を言う”“大事な意見を優先する”について教示する。板書または掲示シートでも提示する。

⇩

ゲームでの実践：「無人島ＳＯＳ」で練習する
「無人島ＳＯＳ」の話し合い課題をして，実際に練習する。ゲームのポイントとして，決めることだけではなく“理由を言う”“大事な意見を優先する”ことを確認する。

⇩

般化：今後の指導につなげていく
次回のグループ活動や小集団指導のときに，話し合いで活動を決めることを入れる。機会を見つけて，話し合い課題を多く取り入れていき，その都度，そのスキルができていたかをフィードバックしていく。

「無人島ＳＯＳ」掲示シート

無人島　ＳＯＳ

太平洋のどまん中で，船が壊れてしまい，みんなは無人島に流れついた。

船はあと10分で沈む。

５つだけ，物を運んでくることができる。

無人島で無事に生き残り，生還するのに必要なものを考えよう。アイテムリストから，必要なものを５つ選ぼう。

その理由も考えよう。（話し合いの制限時間は10分。）

「アイテムリスト表」

- ペンとノート
- ライト（電池が20時間分）
- タオル（人数分）
- 水（１週間分）
- チョコレート（500ｇ）
- かさ（3本）
- 毛布（人数分）
- マッチ（100本）
- ナイフ（2本）
- オノ（2本）
- ラッパ（1本）
- なべ（1個）
- カメラ（フィルム残り20枚）
- 携帯電話（電池があと20時間分）
- 携帯ゲーム（電池があと20時間分）

「無人島SOS」ワークシート

無人島SOS　ワークシート

（　　月　　日）

メンバー（　　　　　　）（　　　　　　）（　　　　　　）
　　　　（　　　　　　）（　　　　　　）（　　　　　　）

書記には◎をかいてね

必要なアイテム	必要な理由
1	
2	
3	
4	
5	

アイテムリスト

　ペンとノート／ライト／タオル／水／チョコレート／かさ／毛布
　マッチ／ナイフ／オノ／ラッパ／なべ／カメラ／携帯電話／携帯ゲーム

| 幼児 | 小学校(低) | 小学校(中) | 小学校(高) | 中学生 |

No.31　相手の気持ちになってみよう　30分〜1時間

仲間に共感したり，人に協力したりするときに，必要となるのが「相手の視点に立つ」ということです。通常なら小学校低学年で，他者の視点に立つことができるようになります。しかし，PDDなどの子どもは，相手の視点に立つことがどうしても苦手なようです。ただ，これらの子どもでも中学生くらいの年齢になると，頭では理解できるようになるので，積極的に教えていく適齢期でもあります。

【ねらい】・相手の気持ち，意図を考える（視点取得／こころの理論）
　　　　　・相手の視点に立った言葉かけをする
【ゲーム】ブラインドウォーク／レゴの伝達
【準備物】・"相手の視点に立つ""ゆっくり""相手の気持ちを聞く"掲示シート
　　　　　・アイマスクまたはバンダナ　人数分
【指導の留意点】知的能力が平均レベルの中学生ならば効果的なプログラムではあるが，小学生や知的能力が低めの子ども（境界知能，知的障害）には工夫が必要。小学校高学年であれば，ブラインドウォークの代わりにレゴの伝達のゲームを行うとよい。これらの子どもたちには，ブラインドウォークの事前に，「〇歩前に進む」「障害物があるから，右によける」「そのまま進んで」など具体的に声をかける方法を練習したり，「肩を支える」「引っ張らない」などと行動レベルで練習したりすることが必要になる。また，ブラインドウォークのコースも教室内の簡単で安全なものから，エレベーターや階段を使うなど難しいものまで，子どもの状態に応じて設定を変える。

ソーシャルスキルの指導に使えるゲーム44

ブラインドウォーク	対象：高〇　中学◎ 人数：2〜10人　時間：30分〜1時間

| ねらい | 相手の視点に立つ／声をかける／他者に対する信頼感を経験する |

ルール　ペアになり，目隠しする人，手助けする人を決める。目隠しする人は，アイマスク等で目隠しをして，手助けする人は目隠しする人を誘導しながらいろいろなコースを連れて歩く。役割を交換して続けるが，途中，感想を言い合ったり，相手のよい点をフィードバックし合ったりしながら，相手の視点に立った手助けの方法を工夫していく。人に頼る，頼られるといった経験を通して，人間関係での信頼感を形成することもねらいとなる。

指導の展開

導入：ブラインドウォークについての説明

「今日は，ブラインドウォークというものをやります。これは，視覚障害者の介護の仕事をする人とか，会社員の研修会とかでよくやるトレーニングです。人と関わるときに，相手の気持ちや相手の視点に立たなければ，強引になったり，必要な援助ができなかったりします。例えば，目が見えない人の道案内をするときにどう声をかければいい？　今から先生たちが例を見せるので，何がよいか，何がいけなかったか考えてね。」

⇩

モデリング：ブラインドウォークの不適切なモデルの提示

先生2人でブラインドウォークを簡単にやってみせる。そのときに，誘導する人が①声をかけない，②手を引いていかない，③強めに引っ張っていく等，子どもがつまずきそうなモデルを示す。

⇩

スキルの教示：相手の視点に立つポイントを説明する

不適切なモデリングから，何に気をつけなければいけないか，子どもたちの意見を聞く。意見は黒板に書き取る。子どもたちの意見を交えながら，①相手の気持ち，見えないことを考える　②ゆっくり行く　③相手の言っていることをよく聞くことのポイントを説明する。「相手の視点に立って声をかけてね。机とか階段とか目隠ししているとわからないから，相手が見えていないこと，怖いって思っていることをしっかりと意識してね。相手の訴えていることを聞きながら，手助けしてね。」

⇩

ゲームでの実践：ブラインドウォークとふりかえり

ブラインドウォークで実践してみる。ペアになり，始めに目隠しをする順番を決めたら，目隠しを各ペアに配る。準備できたら，再度，ポイントを教示してから，始める。ペアで役割を交換するときに，全体で感想を言い合ったり，うまくできていた人についてみんなに紹介したりして，ふりかえりを行う。

⇩

般化：日常のなかでも相手の視点に立つことの重要性を教示する

些細なことでも人を助けるときには，"相手の視点に立つ" "相手の気持ちを考える" ことが大事であることを再教示する。相手の気持ちがわからないときには，素直に相手にどうしたらよいか聞けばよいとも伝える。
グループ活動のときには，日常的に相手の気持ちや考えなどをその都度フィードバックし，気づかせるように対応する。

| 幼児 | 小学校(低) | 小学校(中) | 小学校(高) | 中学生 |

No.32　こころを読めますか？　50分

　ＰＤＤなどの子どもは，しぐさや態度に込められた意味を適切に読み取ることが苦手です。ここでは，クイズを通して，しぐさ・表情・態度などから相手の考えを推理する練習を行います。このプログラムをきっかけに，相手の考えや気持ちを意識して，仲間とコミュニケーションができるように，日頃から指導していきます。

【ねらい】・相手の動きに注目する
　　　　　・相手のしぐさ・表情・態度から，考えを推理する

【ゲーム】推理！ウソホントクイズ／ダウト

【準備物】「相手の考え」ワークシート／「推理！　ウソホントクイズ」のルール表

【指導の留意点】推理！ウソホントクイズのルールが複雑なため，ルール表を提示し，指導者が実際にやってみせながら説明する。ｐ.118に示したルールは基本的なものなので，得点制度，「セーフ崩し（答えはわかっているが，わざと誤答を書く）」の説明を入れる等，メンバーに応じて変化をつけてもよい。

【関連プログラム】←感情ぴったんこ　←相手の気持ちになってみよう　→気持ちの温度計

指導の展開

導入：今日のテーマについて説明
「相手がどんなことを考えているかを意識して，人と接することは大切です。今日は，クイズを通して，相手の考えを推理することを練習します。」

⇩

ゲームの説明：ゲームをやってみせる
ゲームのルールが複雑なため，ルール表を提示し，実際にやってみせながら説明する。

⇩

スキルの提示，モデリング：相手のしぐさ，表情，様子に注目
「相手の考えていることを，直接，目で見ることはできません。考えや気持ちを推理するには，相手の"しぐさ""態度""表情"に注目することが大切です。問題の答えに自信がある人は，まっすぐ前を見て，落ち着いていたりしますが，自信がない人，不安な人は，下を向いたり，オドオドして落ち着かないように見えます。」人の絵と吹き出しなどを板書し，気持ちを視覚化してイメージさせる。

⇩

ゲームでの実践：ゲームのなかでのリハーサルとフィードバック
"アウト""セーフ"が当たった場合，どんな点で読み取ったかを尋ね，フィードバック。

⇩

まとめ：プログラムのふりかえりをする
「今回は，相手のしぐさを見て，その人が考えていることを推理する練習をしました。人の考えていることや気持ちを推理することは，たいへん難しいことですが，クイズ以外の場面でも，人と話をしたり何かするときは，相手のしぐさや態度を見て，相手のことを考えながら，やりとりできていくとよいですね。」また，言葉に込められた意味は，その場の状況やその人との関係，言い方，表情によって異なる場合があることを教示する。

⇩

般化：ワークシートを用いて，日常的に指導する
日常場面でのトラブルについて，「相手の考えを推理してトラブル解決!!」ワークシートを用いながら指導する。ワークシートは，"どんなトラブル？""あなたと相手はどんな考え？ 気持ち？""どうすれば，OKかな？"の3つのステップがあり，生徒は，指導者とともに，ワークシートに記入していく。プログラムで実施するだけでなく，日常的な出来事を通して，"相手の考え，気持ち"を考えさせ（または，指導者が教え），定着化をはかる。

ソーシャルスキルの指導に使えるゲーム45

推理！ウソホントクイズ

対象：高〇　中学◎
人数：3〜8人　時間：30〜40分

ねらい　相手の動きに注目する／相手のしぐさ・表情・態度から考えを推理する

ルール　出題者は，解答者がクイズを正答しているかどうか当てるゲーム。
①1人1人順に出題者になり，出題者は，クイズを1枚引いて読み上げる。解答者は，出題者に見えないように答えを解答シートに書く。②出題者は，解答者が正しく答えられているかどうかを推理し，誤答を書いていそうな人を見つけ出す。③出題者に「Aさん，アウト」と指名された人は，答えを開示する。「アウト」とコールされた人が誤答であれば，出題者に1ポイント得点が入る。④全員，正答していそうであれば，出題者は「セーフ」とコールする。「セーフ」とコールしたら，解答者は全員，解答を開示する。その場合，全員正答であれば，出題者に1ポイント得点が入る。⑤もし，出題者の「アウト」または「セーフ」が外れたら，出題者を交代する。⑥解答者は，わざと間違った答えを書いて，セーフ崩しをしてもよい。わざと誤答を書く場合は，解答シートに正答をひとまず書いておき，二重線で消してから，誤答を書く。

推理！ウソホントクイズを発展させて・・・

クイズ問題は，指導者が準備しておき，本番では，出題者に1枚ずつ引かせるのが基本ルールである。発展バージョンとして，クイズを子どもたちに考えさせてみるのもよい。そのときには，"中学生の80％"といったように，一般の中学生の80％の人が正答できるような問題を予想させ，作らせるとよい。

「相手の考えを推理してトラブル解決!!」ワークシート

相手の考えを推理して，トラブル解決!!

　　　　　　　　　　　月　　日（名前　　　　　　　　　）

どんなトラブル？

| だれが？ | いつ？ | どこで？ |

| だれに？ | 何をした？ | どうなった？ |

補足

あなたと相手は　どんな考え？　気持ち？

自分　　　　　　　　相手

どうすれば，OKかな？

集団行動
セルフ
仲間関係
コミュ

| 幼児 | 小学校(低) | 小学校(中) | 小学校(高) | 中学生 |

No.33　気持ちの温度計（共感する）　40分

　思春期になると，仲間関係を深めていくために"共感する"ことが重要になります。共感するスキルには，「自分の気持ち」「他者の気持ち」のどちらも把握する力が必要です。ここでは，"温度計"を用いて，自分や仲間の気持ちを視覚化・数値化し，具体的で理解しやすいものにします。そして，クイズを通して，仲間の気持ちの程度を推測し，共感することを体験させます。

【ねらい】・自分の気持ちの程度を把握する
　　　　　・仲間の気持ちの程度を推測する
　　　　　・共感する

【ゲーム】気持ちの温度計クイズ

【準備物】「気持ちの温度計」掲示シート／「気持ちの温度計クイズ」ワークシート

【指導の留意点】情緒が不安定な生徒は，自分の否定的な気持ちに向き合えず，拒否してしまう可能性もあるので，「うれしい」などの肯定的な感情に限定して行うとよい。否定的な気持ちを扱うことになるので，生徒によっては，いやなエピソードを思い出し，傷ついてしまう場合がある。指導者や参加者同士の信頼関係を十分に築いた上で導入することが望まれる。仲間のエピソードや感情に対しては，自分が予想したものと違っても，肯定的な言葉かけのみをするよう，事前にルールとして説明しておく（p.68あったか・チクチク言葉を参照）。

【関連プログラム】←いろんな気持ち　←感情ぴったんこ　←相手の気持ちになってみよう

ソーシャルスキルの指導に使えるゲーム46

| 気持ちの温度計クイズ | 対象：高〇　中学◎
人数：3〜10人　時間：15〜30分 |

ねらい　自分の気持ちの程度を把握する／仲間の気持ちの程度を推測する／共感する

出題者は，最近あったエピソードとそれに伴う気持ちを発表し，解答者は，出題者がどのくらいその気持ちを感じたか，0〜100の間で気持ちの程度を推測するクイズ。

やり方　①5つの気持ちシート（楽しい，悲しい，イライラ，心配・不安，恥ずかしい等）から，生徒は最近感じた気持ちを選ぶ。そして，それにまつわるエピソードを思い出し，ワークシートに記入する。②1人1人が，順に出題者になり，そのエピソードと気持ちの種類を発表する。②それ以外の人は解答者になり，エピソードを聞いて，その人の気持ちの程度を推測する。③質問タイムを設け，解答者は出題者のエピソードについて尋ねる。④みんなで答え合わせをする。なお，指導者は子どもたちの感じ方について共感的に扱う。

指導の展開

導入：今日のテーマについて説明

「みなさんは，共感という言葉を知っていますか。共感というのは，相手と自分が同じ気持ちになるということです。今日は，クイズを通して，共感するということを学びます。」

スキルの教示：気持ちの温度計の使い方の説明

「気持ちの程度は，0～100℃の温度計で表せます。例えば，今日，先生は友だちに『その服かっこいいね』と言われて，うれしくなりました。どのくらいうれしいかというと…70でした。」と「気持ちの温度計」掲示シートを用い，指導者が出題者になってモデルを提示しながら，クイズのルールを説明する。実際に温度計の目盛りを塗りつぶす。100℃が沸点であり，我慢できない（抑えきれない）くらいの気持ちであること，10℃はほんのちょっとの気持ちであることなど，温度計の目安を説明する。

ゲームでの実践：気持ちの温度計クイズ

クイズを実施する。クイズ中は，「そのくらい怒ったんだ…」等と，指導者は人によって感じ方が違うことを尊重し，どんな気持ちでも共感的に扱う。

まとめ：スキルの重要性を再教示する

「今回は，ゲームを通して，人の気持ちの程度を推測する練習をしました。このゲーム以外でも，人と話をしたりするときは，相手はどんな気持ちでいるかなぁと，相手のことを考えながら，やりとりできていくとよいですね。」共感という言葉を丁寧に説明し，その必要性を再度，教示する。

「気持ちの温度計」掲示シート

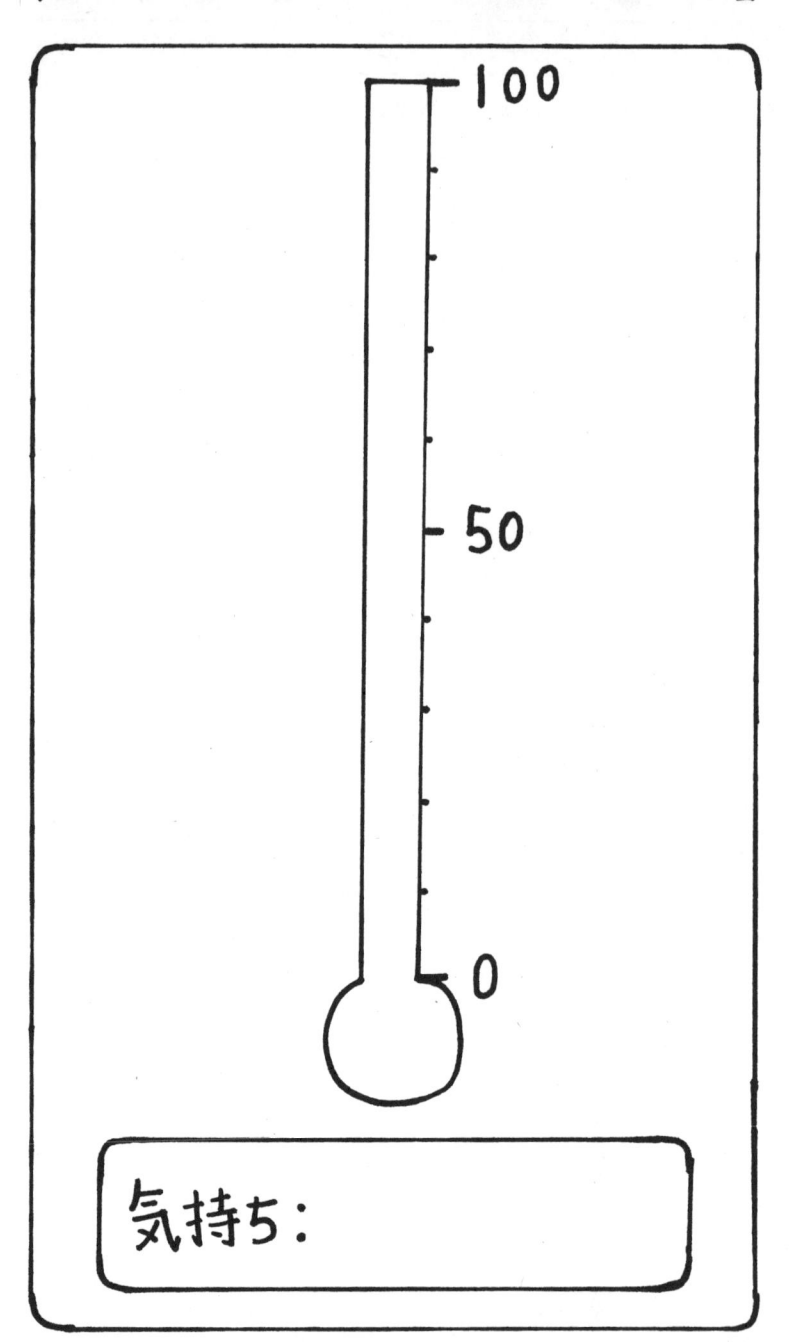

気持ちの温度計

100

50

0

気持ち：

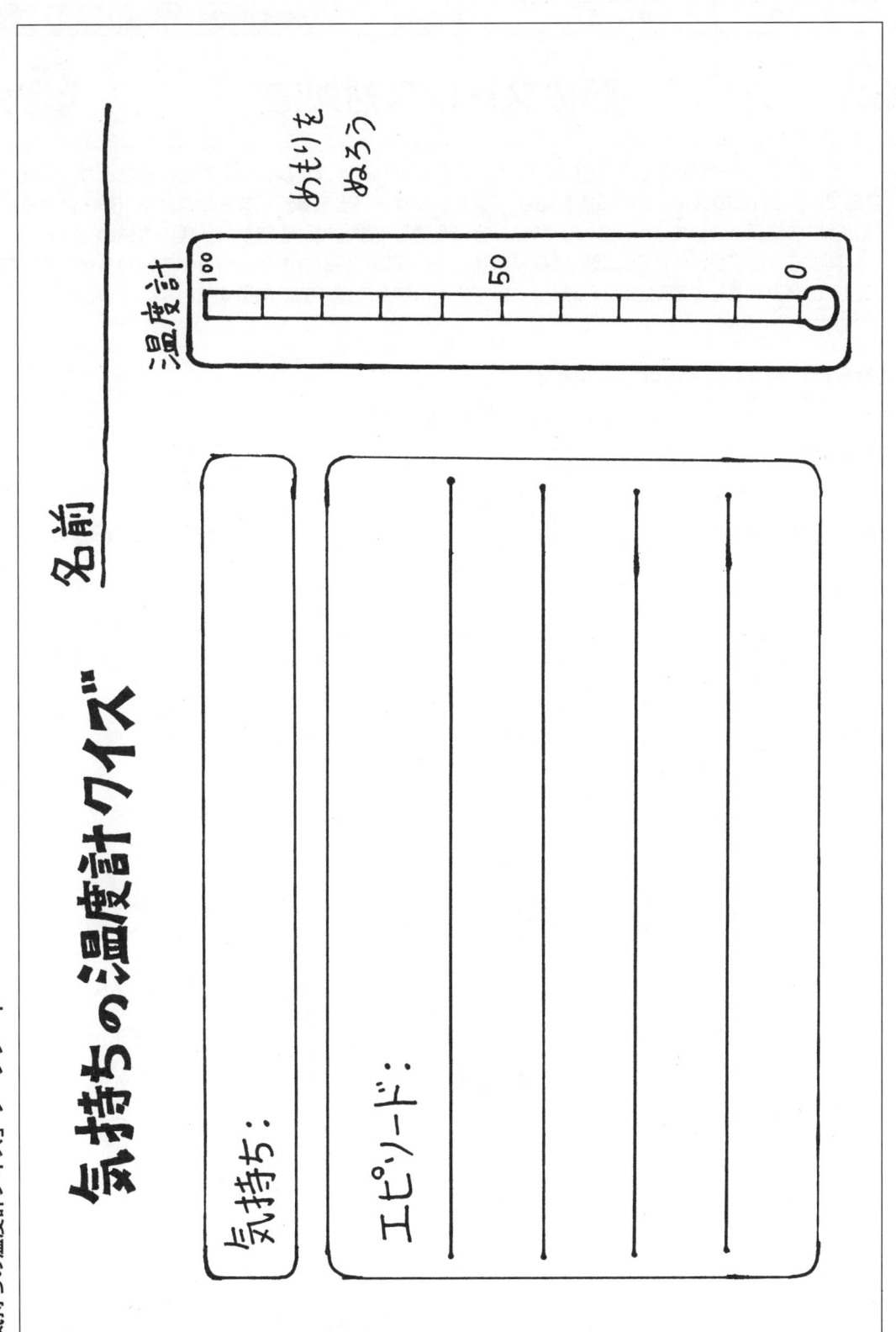

「気持ちの温度計クイズ」ワークシート

気持ちの温度計クイズ

名前 _____

温度計

100
50
0

めもりを
ぬろう

気持ち：

エピソード：

| 幼児 | 小学校(低) | 小学校(中) | **小学校(高)** | 中学生 |

No.34　私のストレス対処法　㊵分

　"ストレス"と一般的に言われているものは，ストレッサーとストレス反応に分けることができます。ここでは，これらのストレスの概念を知り，"ストレッサー（出来事）""ストレス反応（体・こころ）"，"対処法"の関係についてワークシートや話し合いを通して学んでいきます。一連の感情のコントロールに関するプログラムの最後の段階になります。このプログラムは1セッションで終わらすのではなく，プログラムとして定期的に行ったり，日常生活のなかで継続的に指導するとよいでしょう。

【ねらい】・ストレスの概念を知る
　　　　　・自分に合ったストレスの対処方法を見つける

【準備物】「ストレスの概念」掲示シート／「ストレス発見」ワークシート／「ストレスチェック」ワークシート／「対処法」掲示シート

【指導の留意点】自分の感情の認知ができている子どもたちに対して導入するプログラムである。まずは，一連の感情コントロールプログラムを実施し，感情認知の力を育てておくことが必要。指導者は，ストレスマネジメントの方法を学んでおく必要がある。ストレス対処法の指導には，指導者の「これはよい」という実感が不可欠である。子どもには，特定の対処法をおしつけるのではなく，自分に合ったものを見つけるよう指導する。

【関連プログラム】←いろんな気持ち　←感情ぴったんこ　←気持ちの温度計

指導の展開

導入と教示：ストレスの概念について
「みなさん，ストレスという言葉を聞いたことありますよね？ 今日は，そもそも，ストレスとは何なのか，上手に対処するにはどのような方法があるかについて学びます。」「テストでうまくいかなかったり，人からひどいことを言われたりすると，いやな気持ちになります。こういうのをストレスと言います。ストレスは，"出来事"と"体・こころ"に分かれます。人は誰でも，いやな出来事が起こると，お腹が痛くなったり，ムカついたりと調子が悪くなります。」
「ストレス概念」掲示シートを用い，指導者の具体的なエピソードを交えながら説明する。

⇩

リハーサル：「ストレス発見」ワークシートで自分のストレスを考える
指導者の例を通して，記入の仕方を示す。子どもたちにストレッサー（出来事）と，そのときのストレス反応（体・こころ）を記述させ，いくつか発表してもらう。指導者は，子どもの話を「それはストレスだよね」「そんなことあったんだ」等と共感的に応答する。

⇩

教示：ストレス対処法について
「みんなが発表してくれたように，ストレスは誰でも経験するものです。しかし，ストレスに気づかずに，放っておいたりすると，体やこころの調子が悪くなります。そうならないためには，ストレスに対処することが大切です。みんなでストレスの対処法について学びましょう。」
「ストレス概念」掲示シートを用い，ストレス対処法の意義を説明。
ストレスの概念：ストレッサー（出来事）→ストレス反応（体・こころ）→ストレス対処→体もこころも健康 「ストレスの対処法は，いくつかあります」「対処法」掲示シートを用い，説明する。

⇩

リハーサル：みんなでストレス対処法を実践する
ストレス対処法"リラックスタイム"をみんなで行う。対処法の実践の前に，各自，「ストレスチェック」ワークシートにチェックする（1回目）。

⇩

まとめ，般化：対処後のストレスチェック，自分に合った対処法を見つける
ワークシートを用いて2回目のストレスチェック。1回目の結果と比べる。感想を聞き，肯定的にフィードバック。今回実践した対処法以外にも，どのような対処法があるか，意見を出し合う。自分に合ったストレスの対処法をしていくよう，促していく。「今回練習したもの以外にも，自分の好きなことをするのも，対処法になります。自分に合ったストレス対処の方法を見つけていきましょう。」宿題として，家でも自分に合った対処法を実践するよう促していく。保護者とも対処法を共有するなど，家庭と連携した指導が必要となる。

「ストレス発見」ワークシート

ストレス発見シート

　　　　月　　日　（氏名　　　　　　　　　）

ストレスは，"出来事"と"体・こころ"に分かれます。
自分のストレスを発見してみよう。

例　出来事	体・こころ
人前でスピーチをした	ドキドキ，緊張　ひや汗をかいた

出来事	体・こころ

「ストレスチェック」ワークシート

（1回目・2回目）

ストレスチェックシート

　　　月　　日（氏名　　　　　　　　）

今，あなたの　体とこころ　は　どんな感じ　ですか？
　　当てはまるところに　〇をつけましょう

左	−5　　　0　　　5	右
モヤモヤした感じです		ふんわりした感じです
イライラしています		きらくな気分です
そわそわした気分です		ゆったりした気持ちです
何か心配です		安らかな気持ちです
何か不満なことがあります		満足した気持ちです
体がズッシリと重い感じです		体が軽くスッキリしてます
体がだるい感じです		体が軽く，さわやかです
人と会うのがいやです		誰かと話したい気分です

「ストレスの概念」掲示シート

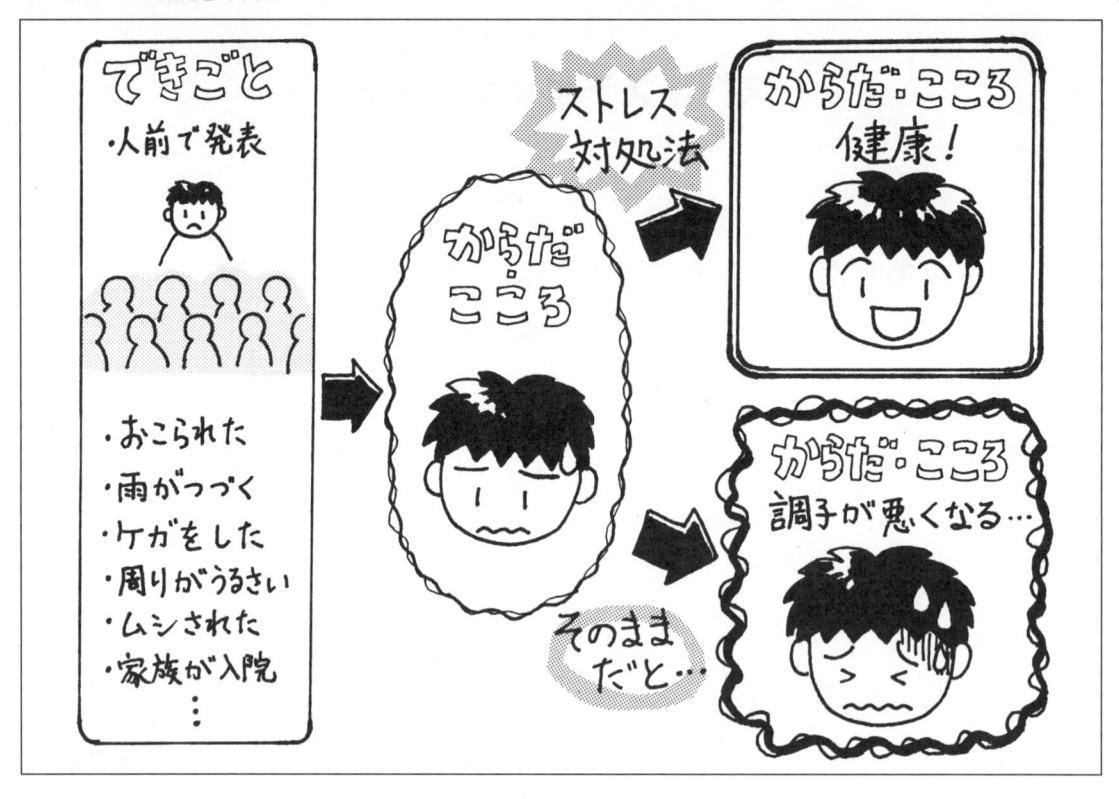

できごと
- 人前で発表
- おこられた
- 雨がつづく
- ケガをした
- 周りがうるさい
- ムシされた
- 家族が入院
　…

からだ・こころ

ストレス対処法 → からだ・こころ 健康！

そのままだと… → からだ・こころ 調子が悪くなる…

「対処法」掲示シート

みんな が よくおこなっている 対処法

| 人に相談する | 魔法の呼吸 | 魔法の数 |
| リラックスタイム | 好きなことタイム | イライラやっつけ法 |

ストレス対処法①

人に相談する	対象：幼○　小○　中○　高○　中学◎

やり方　イライラすること，気になること，悩み等を信頼できる人（親，先生，スクールカウンセラー，親友，先輩など）に話す。人に話すと少し気が楽になる。

ストレス対処法②

魔法の呼吸	対象：高○　中学◎

呼吸法の前に　体の力を抜いて，椅子に深く座る。次に両手をお腹に当て，じんわり手のあたたかさを感じる（10秒間ほど）。目を閉じたほうがあたたかさを感じやすい人もいる。
やり方　指導者は，リズム（1秒1回で4回手を叩く）に合わせて，お腹が膨らむように鼻からゆっくり息を吸う。一瞬止めて，今度は口から細く長く息を吐く（同様に1秒1回で6回手拍子）。このとき，体のモヤモヤした感じが外に出ていくようなイメージで息を吐くよう教示。この動作を数回繰り返す。その後，各自で練習。指導者は個別に声かけし，やり方を教える。緊張する場面（試験や試合の前等）にも利用できることを伝える。

ストレス対処法③

魔法の数	対象：幼○　小○　中○　高○　中学◎

やり方　いやなこと，イライラすることがあったときに，ゆっくりと1から10まで数える。ゆっくり数えることで，落ち着いて，友だち同士のケンカが減ったりする利点を伝える。

ストレス対処法④

リラックスタイム	対象：幼◎　小◎　中◎　高◎　中学◎

やり方　指導の前に3〜5分，ヒーリング音楽等をかけて，それぞれ静かに過ごす。目を閉じたり，ぼーっとしたり，上記の呼吸法を行うなど，こころも体もゆったりする時間をとる。こうした時間をとることで，集中して活動や勉強に取り組むことができるといった効用を伝える。

ストレス対処法⑤

好きなことタイム	対象：中○　高◎　中学◎

やり方　カラオケ，おふろ，絵をかく，好きなマンガを読むなど，好きなことをして，悩みや気になることへの注意をそらす。少しの間でも，悩み等から解放されることが大切。また，悩み等は，気晴らしをして体調や気分が少しでもよいときに考えたほうがよいことを伝える。

ストレス対処法⑥

イライラやっつけ法	対象：幼◎　小◎　中◎　高◎　中学◎

やり方　まくらを叩く，大きな声を出す，いやなことを紙に書いてシュレッダーに入れる，いやなことを黒板に書いてものを投げつける等して，イライラをやっつける。
いつでもどこでもやってよしとするのでなく，場所や物を限定し，そのとき以外はしないよう，本人と約束すること，そうした場を確保することが重要。

| 幼児 | 小学校(低) | 小学校(中) | 小学校(高) | 中学生 |

No.35　これ常識？　非常識？　⏰40分

> PDDなどの子は，人が当たり前と思っていること，暗黙のルールやマナーに気づきにくく非常識な行動をしてしまいがちです。ここでは，常識・非常識のワークシートをもとに，グループで話し合いながら，常識や非常識について学んでいきます。単にルールやマナーを学ぶのではなく，理由についても考えさせ，その必要性を意識させていきましょう。

【ねらい】・常識・非常識についての概念を知る
　　　　　・常識・非常識について弁別する

【準備物】「マナー」掲示シート／「常識・非常識」ワークシート

【指導の留意点】生徒の認知特性や年齢に応じて，ワークシートの項目，表現等をより具体的にするなど，配慮が必要。認知能力が低めの生徒やPDDなどの生徒は，社会全体のマナーというよりも，クラスのマナー，グループのマナーとして，身近なことをテーマとして扱っていく。

【関連プログラム】←こんなときどうする？　→会話のマナー

指導の展開

導入：常識・非常識についての説明
「今日は，常識・非常識について学びます。常識とは，誰でも知らないといけないことで，知らないと相手をいやな気持ちにさせたり，周りの人に迷惑をかけたりします。」
常識や非常識について指導者の体験などを交えながら説明する。

⬇

リハーサル：ワークシートでの常識・非常識の弁別
1人1人，「常識・非常識」ワークシートをやってみる。

⬇

話し合い：ワークシートをもとに，常識・非常識を話し合う
"常識・非常識"を話し合う。理由やどんな場合ならOK？ についても指導者を交えながら討議する。

⬇

まとめと般化：次回以降の指導につなげる
「今回は，常識・非常識について学びました。周りの人に迷惑をかけず，自分も気持ちよく過ごすには，常識・非常識を考えて行動すること，つまりマナーを守ることが大切です。」
以降の指導で，機会を見つけ，「マナー，バッチリだね」「マナー違反だよ」等と，その都度，フィードバックしていく。家庭でも，常識・非常識やマナーについて意識させるように，保護者に伝える。

「常識・非常識」ワークシート

これ常識？　非常識？

名前_____

社会には，常識・非常識があります。以下のことについて，考えてみましょう。

①電車のなかで，携帯電話で話すのは？　　　　　　　　　　　（常識・非常識）

　　理由⇒_____

　　どんな場合ならOK？⇒_____

②人と話すとき，50センチ以内に近づくのは？　　　　　　　　（常識・非常識）

　　理由⇒_____

　　どんな場合ならOK？⇒_____

③暴力で仕返しをするのは？　　　　　　　　　　　　　　　　（常識・非常識）

　　理由⇒_____

　　どんな場合ならOK？⇒_____

④人前で鼻をほじったり，おならをするのは？　　　　　　　　（常識・非常識）

　　理由⇒_____

　　どんな場合ならOK？⇒_____

⑤年上の人に，ていねいな言葉づかいをするのは？　　　　　　（常識・非常識）

　　理由⇒_____

　　どんな場合ならOK？⇒_____

⑥女性に年齢を聞くのは？　　　　　　　　　　　　　　　　　（常識・非常識）

　　理由⇒_____

　　どんな場合ならOK？⇒_____

| 幼児 | 小学校(低) | 小学校(中) | 小学校(高) | 中学生 |

No.36　会話のマナー　60分

　会話など，人とのやりとりには，マナー（作法）があります。一方的に自分の話題だけを話したり，相手の話に関心を示さなかったりなど，会話のマナーを知らないと，相手に不快な思いをさせてしまい，人間関係が維持できない原因にもなります。ここでは，まず，そうしたマナーとマナーが必要な理由について，モデリングや話し合いを通して学びます。その後，グループの仲間とお茶会をして，楽しい時間を過ごしながら，マナーを守る練習をしていきます。

【ねらい】・会話のマナーを具体的に知る
　　　　　・マナーを意識して会話する

【準備物】「マナー違反を探せ」ワークシート／「お茶会のふりかえり」ワークシート

【指導の留意点】実際に，ファーストフード店や喫茶店などにグループで出かけて，指導者も含めてみんなでお茶をしてマナーの練習をするとよい。マナーは，子どもの特性や問題によって違ってくる。"共通の話題でおしゃべりする""自分ばかり話さない""大きな声でしゃべらない""1人で携帯ゲームをしない"など具体的な行動としてルール化していき，子どもに合わせて指導するとよいだろう。

【関連プログラム】←上手な聴き方　←私とあなたの共通点　←仲間のことを知る　←これ常識？　非常識？

第Ⅱ章　実践プログラム／No.36　会話のマナー　133

指導の展開

導入：今日のテーマについて説明

「今日は，お茶会をします。みんなで，おしゃべりしたり，お茶を飲んだりして，楽しみましょう。ただ，楽しいお茶会をするために，いくつか会話のマナーについて勉強したいと思います。」マナーという用語を知らない子どもがいれば，具体的に説明する。

⇩

モデリングと話し合い：お茶会での会話の場面

「先生が会話のマナーに関する場面をやってみます。何がいけなかったか考えてみてください。」
A：「昨日のプロレス見た？　おもしろくて〜。」　B：「新発売のイチゴチョコにハマってるの…。」
と，話題がズレて会話がかみ合わない場面を指導者が示す。何が問題だったかを子どもたちに考えさせ，意見を聞く。
また，「マナー違反を探せ」ワークシートをもとに，会話のマナーについて話し合う。
"共通の話題でおしゃべりする" "自分ばかり話さない" "下品な話をしない" のポイントについて，整理して教示する。

⇩

スキルの教示：会話のマナーについて確認

子どもの意見を取り入れながら，会話のマナーのポイントである "共通の話題でおしゃべりする" "自分ばかり話さない" "下品な話をしない" を教示する。

⇩

リハーサル：お茶会で実践

お茶会を実施する。グループ指導の教室，公園，ファーストフード店や喫茶店など。

⇩

まとめ：ワークシートを用いて，自己評価，仲間評価を行う

お茶会についてワークシートを用いてふりかえらせる。その後，子ども同士，会話のマナーについてできていたかどうかをフィードバックし合う。その際には，仲間からの評価は，肯定的なものになるように指導者が配慮する。
「会話のマナーは，人とうまくつき合っていく上でとても大切なスキルです。うまく会話ができると，楽しいし，気分がいいですよね。普段から，人と会話をするときは，今日取り上げたポイントを思い出してやってみてください。」

集団行動　セルフ　仲間関係　コミュ

「マナー違反を探せ」ワークシート

テレビでそれはないって言ってたよ!! / コーラって、骨が溶けるって言われるけど、ホントかな？	2ちゃんねるでブルートレインが復活するって〜 / で、ねぇ、青色のボディーがかっこよくてね、すごいよ
○をつける⇒ OK・マナー違反？ なぜ？ [　　　]	○をつける⇒ OK・マナー違反？ なぜ？ [　　　]
そうなんだ… / 昨日、誕生日プレゼントをもらったんだ。	今日のおれ、わき くせーな!!
○をつける⇒ OK・マナー違反？ なぜ？ [　　　]	○をつける⇒ OK・マナー違反？ なぜ？ [　　　]
そうなんだ… / 知ってる？お茶にもカフェインが入ってるんだって？	うん、うん / 昨日、お父さんに怒られて最悪だった。
○をつける⇒ OK・マナー違反？ なぜ？ [　　　]	○をつける⇒ OK・マナー違反？ なぜ？ [　　　]

「お茶会ふりかえり」ワークシート

お茶会ふりかえりシート

　　　　　月　　日　名前

自己評価

① 友だちと共通の話題で話せましたか？　何の話題が出ましたか？
　　学校のこと　趣味　テレビ　マンガ　スポーツ　インターネット
　　ゲーム　ギャグ　その他（　　　　　　　　　　　　　　　）

② 自分の話ばかりしませんでしたか？
　　　　　⇒　うまくやれた　・　難しかった

③ 下品な話など，人のいやがる話はしませんでしたか？
　　　　　⇒　うまくやれた　・　難しかった

感想

| |
| |
| |

仲間（　　　　　　　　　　）からの評価

① 共通の話題で話せましたか？　何の話題が出ましたか？
　　学校のこと　趣味　テレビ　マンガ　スポーツ　インターネット
　　ゲーム　ギャグ　その他（　　　　　　　　　　　　　　　）

② 自分の話ばかりしていませんでしたか？
　　　　　⇒　うまくやれた　・　難しかった

③ 下品な話など，人のいやがる話はしていませんでしたか？
　　　　　⇒　うまくやれた　・　難しかった

| 幼児 | 小学校（低） | 小学校（中） | **小学校（高）** | **中学生** |

No.37　子どもプロデュース　　60分

　外出，調理，フリーマーケット出店などの企画・運営を通して，話し合ったり，役割を決めて行う経験をします。話し合いスキルや協力するスキルなど，高度な力が必要とされるプログラムです。最初から最後まで仲間同士で協力し合い，やりとげることで達成感を感じることができます。

【ねらい】・仲間と協力する
　　　　　・仲間と協調的に話し合う
　　　　　・計画を立て，役割を分担し，責任をもって行う

【イベント例】・ゲーム／外出／調理／フリーマーケット出店の企画・運営

【準備物】「中学生プロデュース」ワークシート

【指導の留意点】"話し合い""協力"に関するスキルなどが，ある程度，身についてから実施することが望ましい。企画・運営の際には，全体の流れを図示し，見通しをもたせるとよいだろう。

【関連プログラム】←話し合いに関するプログラム　←協力に関するプログラム

「中学生プロデュース」ワークシート

中学生プロデュース！

ゲーム名：＿＿＿＿＿＿＿＿＿＿＿＿＿＿＿＿＿＿＿＿＿＿

＜どんなゲーム？＞

役割	担当者	内容

指導の展開

導入：次回の指導で行うゲームについて
「次回の指導の時間に，何をして楽しむかを話し合って決めてもらいます。」
と，時間配分や利用できる場所について説明。

⇩

話し合い：何をするか，役割，準備物等を決める
みんなで話し合う。①何をするか ②やり方・ルールの説明 ③役割を決めるについて，ワークシートを用いながら決めていく。必要に応じて，話し合いがスムーズに行くように，いくつかのグループやペアに分かれて，話し合ってもよい。

⇩

準備：ルール表等を作り，準備する，本番さながらの練習
各自，役割に応じて準備する。その後，実際にやれそうかリハーサルする。指導者はルールのわかりやすさ，実施のしやすさ等をチェックし，適宜修正を求めていく。子どもの不安，心配なことには丁寧に対応する。

⇩

(『話し合い』『準備』の次週のセッションに行う)
準備したことに基づいて，ゲームを実施する。

⇩

フィードバック：お互いに評価し合う
実施後，全体で，お互いのよかった点，がんばった点を確認。このとき，仲間からも肯定的なフィードバックが出るよう配慮する。結果だけでなく，練習や話し合いの過程についても肯定的に評価。みんなで何かする際は，お互いが協力し，役割をしっかり果たすこと，ときには妥協することが大切であることを教える。

| 幼児 | 小学校(低) | 小学校(中) | 小学校(高) | 中学生 |

No.38　上手にありがとう　30分

人に感謝を伝えることは，助け合えるような友だち関係をつくるために大切なスキルです。感謝するという行動は恥ずかしい気持ちが起きやすく，なかなか言えないものです。そこで，遊び感覚のゲームを通して感謝を言葉で表現してみる体験をします。このプログラムはグループ活動の最後の時期，お別れの時期に行うとよいでしょう。これまでの仲間関係を振り返る，また，仲間からの肯定的評価をもらい，自己受容につなげるといった意味合いももちます。

【ねらい】・仲間との出来事をふりかえる
　　　　　・仲間に肯定的なメッセージを送る
　　　　　・仲間からの評価を受け入れ，自分の価値を受容する

【ゲーム】同時で感謝ゲーム

【準備物】「感謝カード」ワークシート

【指導の留意点】小学生や高機能自閉症の場合，感謝という抽象語のイメージがつかめないことがある。具体的に相手に「ありがとう」という言葉を伝えることを意識させる。グループの仲間関係で安心感や信頼感を感じていない子どもには，適用できないプログラムである。グループ活動の場，仲間経験が肯定的なものであるように日頃の配慮がとても大切となる。

ソーシャルスキルの指導に使えるゲーム47

同時で感謝ゲーム	対象：中〇　高◎　中学◎ 人数：4〜10人　時間：15〜30分

ねらい	感謝を伝える／仲間との体験をふりかえる／仲間からの評価を受けて自己受容する

ルール	グループの仲間1人1人に対して，これまでの活動をふりかえり，感謝の言葉を考え，感謝カードに記入する。感謝を受ける人が1人1人ずつ前に出てきて，他の仲間がいっせいに声をそろえて「〜てありがとう」と感謝を伝える。感謝を受ける人は，感謝の言葉を当てていくが，当てられた人は感謝カードを贈呈し，抜けていく。恥ずかしい気持ちが起きるプログラムなので，感謝の言葉よりも，何回で全員の言葉を聞き取れたかに焦点を当てていく。

指導の展開

導入：感謝カードに記入

「グループ活動も，あと数回で終わりになります。今日は，グループの友だちに対して"ありがとう"を伝えてみたいと思います。グループの仲間のことを思い浮かべて，感謝カードを作りましょう。」
「感謝カード」ワークシートを配り，仲間1人1人へのメッセージを考える。

⇩

教示：感謝することの意義を説明する

「"ありがとう"と感謝の言葉を友だちや家族など親しい人に言うのはとても恥ずかしいし，照れてしまいますよね。だけど，感謝の気持ちを伝えられると，人は安心しますし，とってもいい気持ちになります。」相手の気持ち，自分の言葉を黒板に書き視覚的に感情を理解させる。

⇩

ゲームでの実践：同時で感謝ゲーム

「聖徳太子は，1回に10人の人の言っていることを聞き分けたといいますが，今回は，いっせいにみんなで感謝の言葉を伝えてみましょう。どれだけ，感謝の言葉を聞き取れるかな？」ゲームのルールを説明し，ゲームを行う。

⇩

フィードバック：ゲーム中に感謝を受けた人を評価

感謝の言葉を伝えた人よりも，感謝の言葉を受けた人に対して，「やさしくしてあげられたんだね」等とフィードバック。指導者のコメントなども伝えてもよい。

⇩

般化：感謝の意義についての教示と家庭での取り組み

再度，感謝の言葉を言うことの意義について教示する。自分が感謝された経験，感謝の言葉を伝えた経験などを出し合い話し合う。家庭でも，保護者が「お手伝いありがとう」等と子どもに感謝をするようにしてもらい，保護者が"感謝する"モデルとなってもらう。

「感謝カード」ワークシート

```
_____ さんへ   ☺
_____
_____ て ありがとう
                      _____ より
```

資料

指導のための ソーシャルスキル尺度（小学生用）

　本尺度は，社会性に困難をもつ児童を指導する際に，子どもの目標となるスキルを特定化するためのものです。子どもの生活年齢や特性によって，指導すべきスキルは異なります。本尺度で困難なスキルがいくつか特定されたら，次の段階として，対象児の社会適応に役に立つものを選んでいく必要があります。指導の際は，対象児にとって大事なスキルを1つか2つに絞って，指導を開始することをお勧めします。

　対象児を日頃からよく観察している担任の先生，指導機関の指導者，または，それに準じる方がこの尺度を使っての子どもの評定を行うことができます。教育に携わる方でも，本人と接した期間が短い場合には実施を控えてください。指導機関だけでなく，在籍学級などの状態を担任の先生にも評定してもらい，多面的に子どもの状態を把握していってもよいでしょう。

名前　　　　　　　　（男・女）	評定目的
所属	評定者
学年	記入日　　年　　月　　日

下位スキル	粗点	評価点	1	2	3	4	5	6	7	8	9	10	11	12	13	14	15
集団行動	syu		・	・	・	・	・	・	・	・	・	・	・	・	・	・	・
セルフコントロールスキル	se		・	・	・	・	・	・	・	・	・	・	・	・	・	・	・
仲間関係スキル	na		・	・	・	・	・	・	・	・	・	・	・	・	・	・	・
コミュニケーションスキル	co		・	・	・	・	・	・	・	・	・	・	・	・	・	・	・

【実施方法】

①はじめに，子どもの名前，学年，男女，評定目的などを記入してください。

②各項目について「0：当てはまらない」「1：あまり当てはまらない」「2：やや当てはまる」「3：当てはまる」の4段階で評定します。具体的に把握できない項目について，憶測で評定することは避けましょう。行動観察などの情報収集を行ってから，評定し直してください。

③「集団行動」「セルフコントロールスキル」「仲間関係スキル」「コミュニケーションスキル」のそれぞれの項目の点数を合計し，粗点を出してください。粗点を出すときは，残余項目（黒く塗ってある）の得点は計算から除いて算出してください。

④粗点が出たら，換算表（下記）にて評価点に換算します。評価点は，その同学年集団において対象児がどの位置にいるのかを示すものです。平均は10，1標準偏差は3となっています。

【換算表】

小学生男児の合計粗点から評価点への換算表

| 評価点 | 低学年男児（1，2年） | | | | 評価点 | 中学年男児（3，4年） | | | | 評価点 | 高学年男児（5，6年） | | | | 評価点 |
	集団行動	セルフコント	仲間関係	コミュニケー		集団行動	セルフコント	仲間関係	コミュニケー		集団行動	セルフコント	仲間関係	コミュニケー	
1	0-11	0-2	0-9	0-1	1	0-11	0	0-7	0-2	1	0-17	0-3	0-8	0-3	1
2	12-14	3-4	10-11	2	2	12-13	1	8-9	3-4	2	18-19	4-5	9-10	4	2
3	15-16	5	12	3-4	3	14-16	2-3	10-11	5	3	20-22	6-7	11-12	5-6	3
4	17-19	6-7	13-14	5-6	4	17-19	4-5	12-13	6-7	4	23-25	8	13-14	7-8	4
5	20-22	8-9	15	7	5	20-22	6-7	14	8-9	5	26-27	9-10	15	9	5
6	23-25	10	16-17	8-9	6	23-25	8-9	15-16	10	6	28-30	11-12	16-17	10-11	6
7	26-27	11-12	18-19	10-11	7	26-28	10-11	17-18	11-12	7	31-32	13-14	18-19	12-13	7
8	28-30	13-14	20	12-13	8	29-31	12	19-20	13-14	8	33-35	15	20-21	14	8
9	31-33	15	21-22	14	9	32-34	13-14	21-22	15	9	36-38	16-17	22-23	15-16	9
10	34-36	16-17	23	15-16	10	35-36	15-16	23	16-17	10	39-40	18-19	24	17-18	10
11	37-38	18	24-25	17-18	11	37-39	17-18	24-25	18	11	41-43	20	25-26	19-20	11
12	39-41	19-20	26-27	19	12	40-42	19-20	26-27	19-20	12	44-45	21-22	27-28	21	12
13	42-44	21-22	28	20-21	13	43-45	21-22	28-29	21-22	13	46-48	23-24	29-30	22-23	13
14	45-47	23	29-30	22-23	14	46-48	23	30	23	14				24	14
15	48	24		24	15		24		24	15					15

小学生女児の合計粗点から評価点への換算表

| 評価点 | 低学年女児（1，2年） | | | | 評価点 | 中学年女児（3，4年） | | | | 評価点 | 高学年女児（5，6年） | | | | 評価点 |
	集団行動	セルフコント	仲間関係	コミュニケー		集団行動	セルフコント	仲間関係	コミュニケー		集団行動	セルフコント	仲間関係	コミュニケー	
1	1-17	0-8	0-8	0-3	1	0-19	0-5	0-8	0-3	1	0-18	0-6	0-8	0-3	1
2	18-20	9	9-10	4-5	2	20-22	6	9-10	4-5	2	19-21	7	9-10	4-5	2
3	21-22	10	11-12	6	3	23-24	7-8	11-12	6-7	3	22-24	8-9	11-12	6	3
4	23-25	11-12	13-14	7-8	4	25-27	9-10	13-14	8	4	25-26	10-11	13-14	7-8	4
5	26-27	13	15	9-10	5	28-29	11	15	9-10	5	27-29	12	15-16	9-10	5
6	28-30	14	16-17	11	6	30-31	12-13	16-17	11	6	30-32	13-14	17	11-12	6
7	31-33	15-16	18-19	12-13	7	32-34	14-15	18-19	12-13	7	33-34	15	18-19	13-14	7
8	34-35	17	20-21	14-15	8	35-36	16	20	14-15	8	35-37	16-17	20-21	15	8
9	36-38	18-19	22-23	16	9	37-39	17-18	21-22	16	9	38-39	18-19	22-23	16-17	9
10	39-40	20	24	17-18	10	40-41	19-20	23-24	17-18	10	40-42	20	24-25	18-19	10
11	41-43	21	25-26	19-20	11	42-44	21	25-26	19-20	11	43-45	21-22	26-27	20-21	11
12	44-45	22-23	27-28	21	12	45-46	22-23	27	21	12	46-47	23	28	22	12
13	46-48	24	29-30	22-23	13	47-48	24	28-29	22-23	13	48	24	29-30	23-24	13
14				24	14			30	24	14					14

【尺度】

集団行動

	あまり当てはまらない / 当てはまらない	やや当てはまる	当てはまる	syu粗点

【対人マナー】					備考
よいことをしてもらったら「ありがとう」と言って感謝できる	0	1	2	3	
いけないことをしてしまったら「ごめんなさい」などと謝ることができる	0	1	2	3	
状況に合わせた適切な言葉づかいができる（目上の人に敬語を使う，知らない人になれなれしい言葉づかいをしないなど）	0	1	2	3	
人のものを借りるときはきちんとことわることができる	0	1	2	3	
人前で奇異な行動をしない（独り言を言う，身体をいじる，鼻をほじる，奇声を上げるなど）	0	1	2	3	
約束した時間を守ることができる．	0	1	2	3	
【状況理解・こころの理論】					備考
場の雰囲気を感じることができる（緊張感や静寂，のんびりとした感じなど）	0	1	2	3	
次の活動にスムーズに移ることができる	0	1	2	3	
自分のした行動をふりかえることができる	0	1	2	3	
相手の表情の違いに気づくことができる（にこやかな顔，こわい顔，緊張しているなど）	0	1	2	3	
相手の気持ちを理解することができる（喜んでいる，悲しんでいる，怒っているなど）	0	1	2	3	
【集団参加】					備考
グループ活動や班活動に参加する	0	1	2	3	
途中でぬけたり，やめたりせずに仲間と遊びを続けることができる	0	1	2	3	
相手の話を終わりまで聞いてから話すことができる	0	1	2	3	
集団で遊ぶときなど，ゲームのルールを理解できる	0	1	2	3	
ゲームなどの順番を守ることができる	0	1	2	3	
与えられたルールに従ってゲームに参加できる（ずるをしない，ルールを勝手に変えてしまわないなど）	0	1	2	3	
【役割遂行】					備考
仲間同士で決めたルール・決まりを守れる	0	1	2	3	
日直や係の仕事をやりとげることができる	0	1	2	3	
仲間と協力しながら仕事（または課題）を行うことができる	0	1	2	3	

セルフコントロールスキル

se粗点

【感情のコントロール】					備考
ゲームなどの勝負ごとで自分の負けを受け入れることができる	0	1	2	3	
いやなことがあっても，乱暴なことをしない（人を叩いたり，ものを投げつけたりなど）	0	1	2	3	
いやなことがあっても，人を非難したり騒いだりしない	0	1	2	3	
友だちがいやがることは言ったりやったりしない	0	1	2	3	
感情的になっても，気持ちを上手く切り替えられる	0	1	2	3	
【行動のコントロール】					備考
授業中，勝手に席を離れたり，そわそわ体を動かしたりしないで座っていられる	0	1	2	3	
授業中，キョロキョロしたり，ぼんやりしたりしないで話を聞くことができる	0	1	2	3	
授業中，関係のない物音や他の人の行動に注意がそれてしまわない	0	1	2	3	
授業中，注意を引きたくて騒いだり，ふざけたりしない	0	1	2	3	
行動する前にじっくり考える（衝動的に行動しない）	0	1	2	3	

仲間関係スキル

	あまり当てはまらない	やや当てはまる	当てはまる		na 粗点
	当てはまらない				

【仲間関係の開始】					備考
知っている人に挨拶することができる	0	1	2	3	
視線を合わせて人と話すことができる	0	1	2	3	
仲間や親しい人に微笑みかけることができる	0	1	2	3	
憶することなく仲間に話しかけることができる	0	1	2	3	
仲間を遊びに誘うことができる	0	1	2	3	
遊んでいる仲間に自分から進んで加わることができる	0	1	2	3	
【仲間関係の維持】					備考
仲間と会話を続けることができる	0	1	2	3	
仲間と冗談を言い合うことができる	0	1	2	3	
仲間と仲良く親和的に遊ぶことができる	0	1	2	3	
友だちが失敗したときなど励ましたりなぐさめたりできる	0	1	2	3	
仲のよい友だちの興味や趣味などを知っている	0	1	2	3	

コミュニケーションスキル

co 粗点

【聞く】					備考
先生や友だちの話を集中して聞ける	0	1	2	3	
先生の話や友だちの発表の内容を理解できる	0	1	2	3	
聞かれたことに対してきちんと答えることができる	0	1	2	3	
【話す】					備考
言葉たらずでなく，話すことができる	0	1	2	3	
物事を順序だてて説明することができる	0	1	2	3	
人前で適切に発表やスピーチをできる（前に出て行く，正しい姿勢をとる，スムーズに話す，相手にわかるように話す　など）	0	1	2	3	
【アサーション】					備考
わからないことは質問できる	0	1	2	3	
集団に向かって自分の考えを述べることができる	0	1	2	3	
いやなことはしっかりことわることができる	0	1	2	3	
くやしさや怒りを言葉で伝えることができる	0	1	2	3	
【話し合い】					備考
話し合いの内容に沿った発言ができる	0	1	2	3	
決まった意見に従うことができる	0	1	2	3	
意見がまとまらないときに，多数決，ジャンケン，妥協策を出すなど，意見をまとめる方法を提案できる	0	1	2	3	
指名されたら，議長や進行役などのまとめ役を行うことができる	0	1	2	3	
話し合いにおいて全体の意見を参考にしながら結論を出すことができる	0	1	2	3	

□ の得点は含めないで粗点を算出してください

資料

指導のための ソーシャルスキル尺度（中学生用）

　本尺度は，社会性に困難をもつ生徒を指導する際に，子どもの目標となるスキルを特定化するためのものです。子どもの生活年齢や特性によって，指導すべきスキルは異なります。本尺度で困難なスキルがいくつか特定されたら，次の段階として，対象児の社会適応に役に立つものを選んでいく必要があります。指導の際は，対象児にとって大事なスキルを1つか2つに絞って，指導を開始することをお勧めします。

　対象児を日頃からよく観察している担任の先生，指導機関の指導者，または，それに準じる方がこの尺度を使っての子どもの評定を行うことができます。教育に携わる方でも，本人と接した期間が短い場合には実施を控えてください。指導機関だけでなく，在籍学級などの状態を担任の先生にも評定してもらい，多面的に子どもの状態を把握していってもよいでしょう。

名前　　　　　　　　　（男・女）　　評定目的

所属　　　　　　　　　　　　　　　評定者

学年　　　　　　　　　　　　　　　記入日　　年　　月　　日

下位スキル	粗点	評価点	1	2	3	4	5	6	7	8	9	10	11	12	13	14	15
集団行動	syu		・	・	・	・	・	・	・	・	・	・	・	・	・	・	・
仲間関係スキル	na		・	・	・	・	・	・	・	・	・	・	・	・	・	・	・
コミュニケーションスキル	co		・	・	・	・	・	・	・	・	・	・	・	・	・	・	・

【実施方法】

①はじめに，子どもの名前，学年，男女，評定目的などを記入してください。

②各項目について「0：いつもできない」「1：たいていできない」「2：だいたいできる」「3：いつもできる」の4段階で評定します。具体的に把握できない項目について，憶測で評定することは避けましょう。行動観察などの情報収集を行ってから，評定し直してください。

③「集団行動」「仲間関係スキル」「コミュニケーションスキル」のそれぞれの項目の点数を合計し，粗点を出してください。粗点を出すときは，残余項目（黒く塗ってある）の得点は計算から除いて算出してください。

④粗点が出たら，換算表（下記）にて評価点に換算します。評価点は，その同学年集団において対象児がどの位置にいるのかを示すものです。平均は10，1標準偏差は3となっています。

【換算表】

中学生男子の合計粗点から評価点への換算表

評価点	1年男子 集団行動	仲間関係	コミュニケー	評価点	2年男子 集団行動	仲間関係	コミュニケー	評価点	3年男子 集団行動	仲間関係	コミュニケー	評価点
1	0-8	0-4	0-2	1	0-7	0-4	0-3	1	0-13	1-6	0-4	1
2	9-10	5	3-4	2	8-10	5	4-5	2	14-15	7	5	2
3	11-13	6-7	5-6	3	11-13	6-7	6	3	16-18	8	6-7	3
4	14-15	8	7-8	4	14-16	8	7-8	4	19-20	9	8-9	4
5	16-18	9	9-10	5	17-18	9	9-10	5	21-23	10-11	10-11	5
6	19-21	10	11-12	6	19-21	10	11-12	6	24-25	12	12-13	6
7	22-23	11	13-14	7	22-24	11-12	13-14	7	26-27	13	14-15	7
8	24-26	12	15-16	8	25-26	13	15-16	8	28-30	14	16-17	8
9	27-28	13	17-18	9	27-29	14	17-18	9	31-32	15	18-19	9
10	29-31	14	19-20	10	30-32	15	19-20	10	33-35	16-17	20-21	10
11	32-34	15	21-22	11	33-35	16	21-22	11	36-37	18	22-23	11
12	35-36	16	23-24	12	36-37	17-18	23-24	12	38-39	19	24	12
13	37-39	17-18	25	13	38-40	19	25	13	40-42	20	25-26	13
14	40-41	19	26-27	14	41-43	20	26-27	14	43-44	21	27-28	14
15	42-44	20	28-29	15	44-46	21	28-29	15	45-47		29-30	15
16	45-47	21	30-31	16	47-48		30-31	16	48		31-32	16
17	48		32-33	17			32-33	17			33	17

中学生女子の合計粗点から評価点への換算表

評価点	1年女子 集団行動	仲間関係	コミュニケー	評価点	2年女子 集団行動	仲間関係	コミュニケー	評価点	3年女子 集団行動	仲間関係	コミュニケー	評価点
1	0-7	0-5	0-4	1	0-10	0-7	0-7	1	0-10	0-9	0-6	1
2	8-11	6	5-6	2	11-14	8	8-9	2	11-14	10	7-8	2
3	12-14	7	7-8	3	15-17	9	10-11	3	15-17	11	9-10	3
4	15-17	8	9-10	4	18-20	10	12-13	4	18-20	12	11-12	4
5	18-20	9	11	5	21-23	11	14-15	5	21-24	13	13-14	5
6	21-23	10	12-13	6	24-27	12	16	6	25-27	14	15-16	6
7	24-27	11-12	14-15	7	28-30	13	17-18	7	28-30	15	17-18	7
8	28-30	13	16-17	8	31-33	14	19-20	8	31-33	16	19	8
9	31-33	14	18-19	9	34-36	15	21-22	9	34-37	17	20-21	9
10	34-36	15	20-21	10	37-40	16-17	23-24	10	38-40	18-19	22-23	10
11	37-40	16	22-23	11	41-43	18	25-26	11	41-43	20	24-25	11
12	41-43	17	24-25	12	44-46	19	27	12	44-47	21	26-27	12
13	44-46	18	26	13	47-48	20	28-29	13	48		28-29	13
14	47-48	19	27-28	14		21	30-31	14			30-31	14
15		20-21	29-30	15			32-33	15			32-33	15
16			31-32	16				16				16
17			33	17				17				17

【尺度】

集団行動

	いつもできない	たいていできない	だいたいできる	いつもできる	syu粗点

【対人マナー】					備考
状況に合わせた適切な言葉づかいをする（敬語やくだけた言葉の使い分けなど）	0	1	2	3	
自分が悪いときに自ら進んで謝罪する	0	1	2	3	
相手の話に関心を示しながら聞く	0	1	2	3	
適度な距離で人と接する（くっつき過ぎない）	0	1	2	3	
時間を守る	0	1	2	3	
異性と適切に関わる（過度に意識して話せなくなる，なれなれしくしたり，つきまとったりしないなど）	0	1	2	3	

【状況理解・こころの理論】					備考
相手のしぐさを表情から気持ちを読み取る	0	1	2	3	
冗談や皮肉など裏の意味のある言葉を理解する	0	1	2	3	
身だしなみに適度に気を配る（髪型や服装を整える，季節に合わせる，また，気にしすぎ・潔癖にならないなど）	0	1	2	3	
人の目を適度に意識して振る舞う（奇異な行動をしない，意識し過ぎないなど）	0	1	2	3	
場の雰囲気を感じる（緊張感や和やかさなど）	0	1	2	3	

【セルフコントロール】					備考
授業や課題に集中して取り組む	0	1	2	3	
行動する前に，じっくり考える（衝動的に行動しない）	0	1	2	3	
自分のした行動をふりかえる	0	1	2	3	
感情的になっても，気持ちをうまく切り替える	0	1	2	3	

【課題遂行】					備考
与えられた仕事を最後までやりとげる	0	1	2	3	
失敗や予定外のことが起こっても，柔軟に対応する	0	1	2	3	
仕事や課題に取り組む際，計画を立て，それに沿って実行する	0	1	2	3	
共同の作業で，与えられた役割をきっちりとこなす	0	1	2	3	
仲間と協力しながら仕事（または課題）を行う	0	1	2	3	

☐ の得点は含めないで粗点を算出してください

仲間関係スキル

	いつもできない	たいていできない	だいたいできる	いつもできる	na粗点

【仲間関係の開始】					備考
適度に視線を合わせて人と話すことができる	0	1	2	3	
憶することなく仲間に話しかける	0	1	2	3	
仲間を遊びに誘う	0	1	2	3	
【仲間関係の維持】					備考
仲間と冗談を言い合う	0	1	2	3	
仲間と会話を続ける	0	1	2	3	
友だちとの約束を守る	0	1	2	3	
外出や遊びなど，仲間と計画を立てて実行する	0	1	2	3	
仲間と趣味や興味のあることを共有する	0	1	2	3	
仲間と秘密を共有する	0	1	2	3	
【仲間への援助】					備考
仲間が失敗したときなど励ましたりなぐさめたりする	0	1	2	3	
困っている仲間を助ける	0	1	2	3	
仲間の悩みや不満を共感しながら聴く	0	1	2	3	

コミュニケーションスキル

co粗点

【聞く・話す】					備考
相手の話をさえぎることなく聞く	0	1	2	3	
適切に発表やスピーチをする（正しい姿勢，わかりやすいように話すなど）	0	1	2	3	
【非言語的スキル】					備考
適切な声の大きさで話をする	0	1	2	3	
タイミングよく，うなずき・あいづちを入れる	0	1	2	3	
身振りや手振りをうまく使って表現する	0	1	2	3	
【アサーション】					備考
知っている人に自分から挨拶をする	0	1	2	3	
集団に向かって自分の考えを述べる	0	1	2	3	
人に感謝の意を伝える	0	1	2	3	
いやなことはしっかりことわる	0	1	2	3	
くやしさや怒りを言葉で伝える	0	1	2	3	
わからないことは質問する	0	1	2	3	
親しい人に不安や心配なことを話す	0	1	2	3	
困ったとき，人に助けを求める	0	1	2	3	
【話し合い】					備考
話し合いの内容に沿った発言をする	0	1	2	3	
決まった意見に同意する	0	1	2	3	
話し合いの際，多数決，妥協案などの方法を提案する	0	1	2	3	

☐ は含めないで粗点を算出してください

資料1（保護者用，在籍学級用シート）

（　　　　　　　）へ

（　　　　　　　　　）は　　月　　日のグループ活動で下記のことを学びました。

_____

学校やご家庭でも，子どもたちがこのソーシャルスキルを実践できるように下記の配慮をお願いいたします。

_____
_____
_____
_____

連絡事項

引き続き，ご協力お願いいたします。
　　　　　　月　　日

資料2（ふりかえりシート）（小学生低学年・中学年用）

かんそうシート

　　　　月　　日　（なまえ　　　　　　　　　）

きょうしたこと

1.　　　　　　　　　　　　　　　　　　　　　　
2.　　　　　　　　　　　　　　　　　　　　　　
3.　　　　　　　　　　　　　　　　　　　　　　
4.　　　　　　　　　　　　　　　　　　　　　　
5.　　　　　　　　　　　　　　　　　　　　　　
6.　　　　　　　　　　　　　　　　　　　　　　

きょうの　かんそう（○をつける）

| たのしかった おもしろかった | イライラした つまらなかった | ざんねんだった くやしかった | おどろいた ショック | そのた（　　　） |

くわしくかいてね

資料3 (ふりかえりシート) (小学生高学年・中学生用)

感想シート

＿＿月　＿＿日　名前（　　　　　　　　　　）

今日のスケジュール

1.
2.
3.
4.
5.
6.

今日のソーシャルスキル

今日の感想

保護者のコメント

保護者サイン

資料4 （指導内容を決定するためのアセスメントシート）

氏　名：	年　齢：	記入者：
性　別：（ 男 ・ 女 ）	学　年：（小・中）学校　　年生　　歳　　カ月	記入日：　　年　月　日

① ソーシャルスキル尺度の結果のまとめ

▲

② 指導目標
（長期目標，短期目標）

▲

③ 指導方法，指導内容
ソーシャルスキルプログラム

おわりに

　本書は，特別支援教育に関わる先生，LD，ADHD，高機能自閉症等の指導に関わる指導者向けに書かれています。2006年4月から通級指導の対象として，LD，ADHDが正式に認められ，今後特別支援教育が本格的に展開されていきますが，ソーシャルスキル指導は学習指導などとともに特別支援の1つの柱になっていくと思います。本書の理論やプログラムを，特別支援教室での専門的支援の1つのモデルとして，現場の先生方に，ぜひ活用していただければと思います。

　ここでの実践は，YMCA東陽町センターのソーシャルスキル指導を体系的にまとめたものです。執筆は，上野，岡田だけではなく，YMCAで中心的に臨床活動を行っている後藤大士，平木こゆみ，石井あさか，田沼実畝，染木史緒，田幡陽子，高木聖子と，教育や心理臨床現場で発達障害の子どもの指導にあたっている本山優子，岡田克己も参加しました。このメンバーで指導のアイディアを持ちより，何度も検討を行い，本書が完成したと言えます。実践編だけで，3ヵ月以上も検討会を行い，臨床活動の合間を縫って労力を注いできました。分担執筆というかたちを取りましたが，実質は執筆者全員で書き上げたようなものです。

　本書をまとめる上で，明治図書三橋由美子さんの別格のご厚意が不可欠でした。また，日頃から我々の臨床活動を支えてくれましたYMCA川井祉温さん，桜井徹さん，10年以上前から上野とともにLD臨床を支えてくれましたYMCA堀口廣司さん，土屋隆さんにも感謝いたします。

　本書のアイディアは，我々の受け持っているグループの子どもたちとの日頃の関わり合いのなかで生まれてきたものです。子どもたちとその保護者に厚くお礼申し上げます。本書の理論やプログラムが教育に幅広く行き渡り，多くの子どもたちの豊かで幸せな人生に貢献できることを編者，執筆者一同，願っています。

　2006年5月

編著者　岡田　智

【執筆者紹介】 ＊50音順

上野　一彦　第1章　1，2
　　（東京学芸大学）

岡田　　智　第1章　3，4，5
　　　　　　第2章　解説，No.1，No.15，No.19，No.29，No.31，No.38

石井あさか　第2章　No.5，No.16，No.24

後藤　大士　第2章　No.14，No.20，No.25，No.32，No.33，No.34，No.35，No.36，No.37

染木　史緒　第2章　No.6

高木　聖子　第2章　No.8，No.9，No.18，No.22

田沼　実畝　第2章　No.3，No.4，No.10，No.11

田幡　陽子　第2章　No.13，No.17，No.23

平木こゆみ　第2章　No.21，No.26，No.27，No.28

　　（以上，東京YMCA東陽町センター）

岡田　克己　第2章　No.2，No.12，No.30
　　（横浜市立左近山第一小学校）

本山　優子　第2章　No.7
　　（横浜市養護教育相談センター）

【編著者紹介】

上野　一彦（うえの　かずひこ）
東京学芸大学

岡田　智（おかだ　さとし）
東京YMCA東陽町センター

＊イラスト

本山　優子
横浜市養護教育相談センター

特別支援教育[実践]ソーシャルスキル マニュアル

2006年7月初版刊	Ⓒ編著者	上野　一彦
2022年11月26版刊		岡田　　智
	発行者	藤原　久雄
	発行所	明治図書出版株式会社

http://www.meijitosho.co.jp
（企画）三橋由美子（校正）庄司進
〒114-0023　東京都北区滝野川7-46-1
振替00160-5-151318　電話03(5907)6701
ご注文窓口　電話03(5907)6668

＊検印省略　　　印刷所　松澤印刷株式会社

本書の無断コピーは、著作権・出版権にふれます。ご注意ください。

Printed in Japan　　　　ISBN978-4-18-063536-8

★新刊案内★

シリーズ・自立と社会参加を目指す自閉症教育

1 自閉症の理解とその支援
～子どもが成長・発達するかかわり方～

●上岡一世著／A5判・246頁／2688円 6109

●主要目次
第1章　自閉症の基本障害
第2章　自閉症の心理、行動特性
第3章　自閉症児の基本指導
第4章　不適切行動への対応
第5章　就労自立を実現する支援
第6章　重度精神遅滞を伴う自閉症のY君の就職と職業生活20年間の歩み
第7章　まとめ

2 自閉症の子どもが地域で自立する生活づくり
1143　上岡一世編著／A5判・206頁／2478円

3 自閉症の子どもが職場で自立する生活づくり
6266　上岡一世編著／A5判・226頁／2688円

養護学校における危機管理マニュアル
6090　河相善雄編著／A5判・184頁／2415円

様々なレベルの危機に、日常からいろいろな事態を想定した対応策が講じられねばならない。これには定式化された対応策が有効であり、それがあってこそ「場合の策」が活かされる。本書はこのような意図から事例を基にした即応性ある危機管理マニュアルを目指した。

---

http://www.meijitosho.co.jp　　FAX 03-3947-2926
ご注文はインターネットかFAXが便利です（インターネットによるご注文は送料無料となります）。

〒170-0005
東京都豊島区南大塚2-39-5　　明治図書　ご注文窓口　TEL　03-3946-5092

＊併記4桁の図書番号（英数字）をご利用いただきますと、ホームページの検索が行えます。表示価格は定価（税込）です。

★明治図書の「特別支援教育」★新刊案内

● 「特別支援教育」ライブラリー

1 通常の学級にいる気になる子への支援
―― 校内支援体制と支援の可能性 ――

0605 干川　隆編著／Ｂ５判・定価＝2310円

気になる子へ担任は何ができるか。実践可能なモデルを提案。

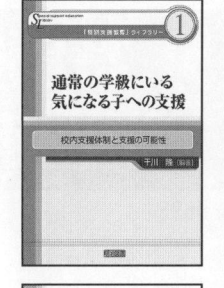

2 自閉症の子への「学び」支援
―― 最適化のための実践的アプローチ ――

0610 北海道教育大学附属養護学校特別支援教育研究会著

Ｂ５判・定価＝2478円

● 楽しい遊びの動的環境による

LD・ADHD・高機能自閉症児のコミュニケーション支援

0188 小林　芳文・是枝　喜代治編著／Ａ５判・定価＝2268円

「特別支援教育」の対象として新たに加えられたＬＤやＡＤＨＤ、高機能自閉症の子どもたちに共通してみられる、ことばの使用の問題、対人関係や社会性の問題を含めた「コミュニケーション」の問題について、ムーブメント教育の立場から、事例を交えて解説を試みた。

特別支援教育の学習指導案づくり

0693 宮崎　直男編著／Ｂ５判・定価＝2793円

学習指導案を書くと、子ども一人一人がよく見えてくる。そして子ども一人一人に対しどのような支援をすればよいかが分かる。プロ教師としての授業力をつけるため、本書は、特別支援教育の場で指導案に関して要求され期待されている事柄を網羅し、実際例を多数示した。

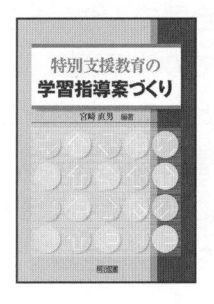

http://www.meijitosho.co.jp　　FAX 03-3947-2926
ご注文はインターネットかFAXでお願いします。（インターネットによるご注文は送料無料です）

〒170-0005
東京都豊島区南大塚2-39-5　　明治図書　　ご注文窓口　TEL　03-3946-5092

＊併記４桁の図書番号（英数字）をご利用いただきますと、ホームページの検索が簡単に行えます。

★新刊案内★

特別支援教育の学習指導案づくり

0693

宮崎直男　編著

学習指導案を書くと、子ども一人一人がよく見えてくる。そして子ども一人一人に対しどのような支援をすればよいかが分かる。プロ教師としての授業力をつけるため、本書は、特別支援教育の場で指導案に関して要求され期待されている事柄を網羅し、実際例を多数示した。

◆B5判・164頁
◆2,793円（税込）

特別支援教育基本用語100
―解説とここが知りたい・聞きたいQ&A―

0123

上野一彦・緒方明子
柘植雅義・松村茂治　編

全国でスタートした特別支援教育を、さらにすべての教師が広く、深く理解するために、その中核となる基本用語を、教育だけでなく心理学、医学、福祉の関連領域まで広げ、100厳選するとともに、教師が日常的に接することの多い大切な質問を選びやさしく解説した。

◆A5判・132頁
◆2,058円（税込）

http://www.meijitosho.co.jp　　FAX　03-3947-2926

ご注文はインターネットかFAXが便利です。（インターネットによるご注文は送料無料となります）

〒170-0005
東京都豊島区南大塚2-39-5　　明治図書　　ご注文窓口　TEL　03-3946-5092

＊併記4桁の図書番号（英数字）をご利用いただきますと、ホームページでの検索が行えます。

★新刊案内★

子どもと家族を支える特別支援教育へのナビゲーション

0628

柳本雄次・前川久男 監修
筑波大学附属大塚養護学校 編
瀬戸口裕二・安部博志・北村博幸・安川直史 著

コーディネーターや関係する人たちが、地域の中で子どもや家族を支援していく道筋やアイディアをできるだけわかりやすく示した。
本書は、地域の特別支援教育のセンターとして何が要求され、何が遂行できるのか、挑戦的に行動したその軌跡の記録でもある。

◆B5判・128頁
◆2,268円（税込）

指導年齢がわかる 自立と社会参加を実現する 個別の指導プログラム

0625

上岡一世 著

子どもを発達、成長させ、社会的自立を実現させる個別の指導プログラムが必要である。本書は、障害種別に応じた指導年齢、課題に対する具体的指導法のポイントを明記。子どもの実態を把握し、課題設定の指標となり、効果的な指導を行うための立案ガイド的1冊である。

◆B5判・208頁
◆3003円（税込）

http://www.meijitosho.co.jp　　FAX　03-3947-2926

ご注文はインターネットかFAXが便利です。（インターネットによるご注文は送料無料となります）
〒170-0005
東京都豊島区南大塚2-39-5　　明治図書　　ご注文窓口　TEL　03-3946-5092

＊併記4桁の図書番号（英数字）をご利用いただきますと，ホームページでの検索が行えます。

★新刊案内★

みんなの自立支援を目指す
やさしい応用行動分析学

0200

高畑庄蔵 著

特別支援教育を支える学問として、今「応用行動分析学」が注目されている。著者は、誰もがその原理や研究成果を簡単に享受できる新しい支援システム、ユニバーサルデザイン「支援ツール」を考案。子どもたちの可能性を引き出し、支援者に役立つツール満載の書である。

◆A5判・148頁
◆2,000円（税込）

特別支援教育の基礎知識
障害児のアセスメントと支援、コーディネートのために

0279

橋本創一・霜田浩信・林安紀子・池田一成・小林巌・大伴潔・菅野敦 編著

本人重視の立場に立った支援を実践することを目指して、あえて障害種別ごとに、その原因と特性、支援方法を解説。障害者が共通に抱える支援ニーズへの知識と個人を大切にし、個々に対応するためのアセスメントと理解、支援計画・方法などをも詳述。現場必携の書である。

◆A5判・272頁
◆2100円（税込）

http://www.meijitosho.co.jp　　FAX　03-3947-2926

ご注文はインターネットかFAXが便利です。（インターネットによるご注文は送料無料となります）

〒170-0005
東京都豊島区南大塚2-39-5

明治図書

ご注文窓口　TEL　03-3946-5092

＊併記4桁の図書番号（英数字）をご利用いただきますと，ホームページでの検索が行えます。